학생 **스스로** 수학을 **창조**하는

수학 문제 만들기 학습 · 지도

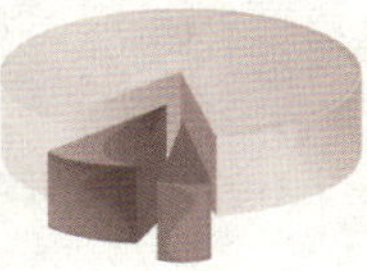

–초등학교 1, 2, 3학년

임문규 저

東明社

머리말

학생들이 수학을 한다는 것은 먼저 수학의 내용, 즉 개념을 이해하고, 그와 관련되거나 응용된 문제를 해결하는 것으로 만족하기 쉽다. 학생들이 처음으로 배우는 수학의 내용을 이해하는 것도 수학을 하는 것이며, 더 나아가 그와 유사하거나 관련된 발전 문제를 해결하는 것도 수학을 하는 것이다.

수학 문제 만들기 학습·지도는 인류가 수학을 만들기 시작할 때부터 이미 시작되었다고 볼 수 있다. 수학을 발견하고 그 발견된 내용을 확장하고 발전시키며, 또 다른 수학을 창조하였다. 그러한 과정에서 새로운 수학 문제는 끊임없이 발견되고 만들어져 왔으며, 이러한 활동은 현재도 진행되고 있고, 인류의 역사가 다하는 날까지 지속될 것으로 생각한다.

인류의 역사는 창조의 역사이며, 창조성은 시공을 넘어 강조되고 있다. 발전을 위한 창조는 인간의 본능으로 생각된다.

이제까지 수학 학습·지도는 개념 이해와 개념적 지식 및 절차적 지식, 문제해결 능력의 육성에 대부분의 시간을 투여하여왔다. 지금부터라도 수학교육은 문제해결과 함께 더 발전된 문제 만들기 학습·지도에, 즉 수학 문제해결과 문제 만들기가 연결되고 연쇄하는 학습·지도에 역점을 두는 방향으로 개선되어야 할 것이다.

인간의 창조성을 길러줄 수 있는 가장 좋은 제재가 수학이며, 수학을 하는 것이라고 생각된다. 본인이 생각하는 수학 학습을 통한 학생 개인의 창조적 활동이란, 이제까지 알지 못하였던 수학 개념을 처음으로 이해하거나, 처음 접하는 수학 문제를 自力으로 해결하였을 때, 유사하거나 새로운 수학 문제를 만들 때, 그 학생은 창조적 활동을 하였다고 생각하는 관점이다.

우리는 항상 열린 마음으로, 현재의 아동과 학생들의 관심이 어디에 있으며, 그들이 발견하는 수학은 없는지, 그들이 만들고 싶은 수학과 수학 문제는 어떤 것인지에 역점을 두는 수학 학습·지도가 되어야 할 것이다.

필자는 이제까지 수학 문제 만들기 학습·지도에 특별한 관심을 가지고, 연구 및 교육에 임하고 있다. 마침 2009 수학과 교육과정에는 내용을 30% 줄인 여유로, 수학 학습·지도에서 창의성 육성에 중점을 두기로 하였다.

이 책은 여러 가지 문헌과 실험 조사를 통하여 엮은 것이므로, 특히 수학 교육을 통해 아동의 창조성 육성에 관심이 많은 초등학교 선생님과 학부모님의 좋은 참고가 되었으면 하는 마음에 펴게 된 것이다.

이 책을 내는데 이제까지 애써주신 동명사의 관계하신 여러분께 깊은 감사를 드린다.

2012. 7. 공주 일락산 자락에서 저자 올림

차 례

4장

1학년의 사례

5장

2학년의 사례

6장

3학년의 사례

1 훌륭한 수학 수업을 위하여

1 문제 만들기와 훌륭한 수업

「문제를 학생이 만든다」고 하는 초등학교 수학 수업은 매일 매일의 수업을 계속하는 교사가 조금이라도 훌륭한 수업을 하려고 생각하는 시도의 하나이다.

교사의 마음가짐

좋은 수학 수업을 하려고 하는 교사가 마음의 준비를 반드시 해 두어야 하는 것은 무엇일까? 필자는 다음의 6가지를 생각한다.

① 궁극적인 목표를 마음에 새겨 둘 것
② 학생이 의문을 가질 수 있는 교재를 준비할 것
③ 지도하는 방법이 다양한 것
④ 가치관이 유연한 것
⑤ 학생에 대한 애정이 있는 것
⑥ 수학이나 수학사의 공부가 되는 것

위의 6가지를 바꾸어 말하면, 목표, 교재개발, 지도법, 평가, 학생에 대한 대응, 자기교육에 관한 것과 통한다.

이러한 것을 항상 생각하며 수업을 전망하고 열심히 노력하면, 교사와 학생 사이에 자유로운 분위기가 감도는 훌륭한 수업이 가능하게 된다.

문제 만들기 수업

「문제를 학생이 만드는」 수학 수업은 이 ①에서 ⑥까지의 어느 것에도 통하는 것이다.

- **수준 높은 목표에 다가서다.** 하나의 문제를 바탕으로 학생이 스스로 문제를 만들고 발전시켜 간다고 하는 활동 그 자체는 수학을 만들어 간다고 하는 창조적인 활동이다. 이것은 수학교육의 높은 목표이기도 하다.
- **학생이 물음을 갖는다.** 또, 학생 자신이 문제를 만드는 활동 중에는 처음의 문제에 대하여 「만약 숫자를 바꾸면 어떻게 될까?」라든지 「만약 도형을 바꾸면 어떨까?」라는 물음을 낳는다. 거기에, 「아하!」라든지 「왜?」라는 의문도 일어나고, 처음 문제를 다시 생각하는 활동도 자연스레 일어나는 것이다.
- **수업의 개선.** 더욱이 「문제를 만든다」고 하는 수업은 일반적으로 행해지고 있는 「문제를 푼다」고 하는 수학 수업과는 역의 발상으로 행해지는 방법이며 하나의 새로운 지도법 또는 수업의 개선이라고도 할 수 있다.
- **상호 평가할 수 있다.** 학생들끼리 친구가 만든 문제를 보고 토론을 하면 의논이 활발하여 서로를 평가할 수 있게 된다.
- **학생의 견해를 바꾼다.** 교사는 학생들이 만든 문제를 보고, 평소에 활약하지 못하던 학생이 이외로 활발히 활약하는 것을 알게되어 보는 눈을 바꾸게 된다. 이 수업에서는 학생과 교사의 수학관을 바꾼다.
- **손으로 만드는 수학.** 수학은 긴 역사 속에서 끊임없이 쌓아 올려진 체계를 공부하는 것, 이미 만들어진 수학을 하나 하나 단계를 끝까지 올라 가도록 왜운다고 생각해 온 것에서부터, 자기 자신도 만들어낼 수 있는 것, 손으로 만드는 수학이라는 생각으로 바꿀 수 있다. 거기에는 역시 수학이나 수학사를 되돌아 볼 필요성도 느끼게 하는 것이다.

이상과 같이 생각하면, 「문제를 학생이 만드는」 수학 학습활동에서는 자긍심을 느끼는 좋은 수업을 할 수 있다고 생각된다.

2 학생을 어떻게 학습시킬까?

수업을 하는 교사가 마음에 새겨 둘 제 1은 「궁극적인 목표를 염두에 둘 것」을 들었지만, 이것에 대해 조금 자세하게 언급하자.

수학과의 목표를 명확히 가진다

우리가 매일의 수학 수업을 해 갈 때, 머리 속에 1년 후 또는 졸업까지 이 학생들을 어떻게 육성하고 싶다고 하는 것이 있을까? 교육과정에 있는 몇 행의 목표에 관한 문구 「수량과 도형에 대하여 기초적인 지식과 기능을 몸에 익혀, 일상의 사건 · 사물을 수리적으로 파악하여, 조리있게 생각하며 처리하는 능력을 기른다」고 하는 것을 암기해 두어야 한다는 것은 아니다. 교사 자신이 진정으로 생각한 궁극적인 목표가 항상 머리속에 있느냐 하는 것이다. 이것이 없으면 수업은 어딘지 불안정하게 되고, 별로 중요하지 않는 것이 문제가 되어버릴 수 있다.

창조성을 기를 것

나는 수학 수업의 목표는 「학생에게 창조성을 기르는 것」으로 생각하고 있다. 그 이유는 2가지이다.

1) 변화하는 사회에 대응

하나는 대단히 급격하게 변혁하고 있는 현대사회에 대응하는 힘을 기르기 위해서다. 변혁을 계속하는 사회에 일어나는 여러 가지 문제에 대하여 사람들은 항상 그 문제를 해결하려고 시도한다. 그러나, 그러한 문제는 지금까지 학습해 온 여러 가지 중에서는 해답을 찾을 수 없는 경우가 많을 것이다. 그러므로 결국 새로운 해결법을 생각해 낼 수 없으면 안된다. 흔하지 않은 방법을 발견해 가는 힘, 그것은 창조력 외에는 없다.

2) 마음의 건강을 유지한다

또 다른 이유는 마음의 건강을 유지하기 위함이다. 인간은 항상 자기가 가지고 있는 힘을 발휘할 수 있는 상황을 요구하고 있다. 하게 해 주면 할 수 있는데 언제나 정해진 것만 하게 하는 상태에서는 서서히 힘을 잃게 되어 최소한의 필요한 것밖에 할 수 없게 되어버린다. 그러나, 실패를 할지는 모르지만, 여러 가지 시도를 하면서 항상 도전적으로 일을 한다든가 학습을 하게 되면, 인간으로서의 마음이 무럭무럭 자라게 되는 것이다.

즉, 미지의 문제에 직면했을 때에 가질 수 있는 힘을 충분히 발휘하여 해결해 가는 힘을 길러 주는 것이 중요한 목표라고 생각한다. 수학과다운 말로 바꾸면 「여러가지 문제 상황 속에서 수학의 무대에 그것을 끌어들여 문제를 구성하고 이미 배운 지식, 技能, 사고 방법을 총 동원하여 해결하려고 시도하는 것, 또는 그러한 힘」을 기르는 것에 목표가 있다.

수업하는 교사 각자가 이와 같이 끝까지 파고들어 규명하는 것에 목표를 가지고 수업을 한다면 여유도 생기고 좋은 수업을 할 수 있다.

3 학생이 의문을 품을 수 있는 교재 개발

교재 개발의 필요

교사의 마음가짐 속에 둘째로 든 교재개발에 대해 생각한다.

수업 중에, 학생이 「뭐지?」라든지 「왜?」라는 마음을 가지게 할 수 있으면 성공한 수업이다. 교사가 이러쿵 저러쿵 말하지 않더라도 학생 자신이 문제의식을 가지고 추구하려고 하기 때문이다. 교사는 약간의 원조를 해 주면 되는 것이다.

그러기 위해서는 학생에게 그러한 마음이 생기게 하는 교재를 개발하는 것이 필요하게 된다. 스스로 교재를 개발하는 것이 쉬운 일이 아니지만, 몇 가지 연구는 생각해 볼 수 있다.

교과서를 그대로는 사용하지 않는다

그 하나는 교과서에 있는 것을 그대로는 사용하지 않는다는 마음가짐이다. 왜냐하면, 교과서는 전국적인 수준에서 평균적인 것에 초점을 맞추어 만든다고 생각되지만, 생각해 보면, 평균적인 학생도 그렇게 많지는 않다. 극단적인 경우, 시험에서 0점과 100점의 학생이 있다면, 그 두 명의 평균은 50점이다. 이 때, 교사가 50점에 맞추어 지도하더라도, 아무런 효과가 없음을 알 수 있다. 이것을 생각하면, 교재는 역시 독자적인 것을 만드는 것이 가장 좋을 것이다.

• 조건의 부분을 생각한다

요점은 그러한 연구의 방법이다. 예를 들면, 교과서에 있는 문제를 그대로는 사용하지 않고, 거기에 제시된 조건 부분을 첨삭 · 정정해 보는 것도 생각할 수 있다. 교과서의 문제는 세련되어 있어서 한치의 결함도 없는 것 같이 보인다. 일반적으로 식이 세워지고, 거기에 정답이 하나 나오면 끝이 되어버리는 경우가 많다. 그러나 문제의 조건을 조금 고쳐 본다. 수치를 바꾸든가 없애든가 불필요한 수치를 넣든가 한다. 그러면 갑자기 답이 하나로 정해지지 않던가 없거나 하게 된다. 학생이 의문을 가지고 스스로 판단하지 않으면 안되게 된다. 많은 학생이 활약할 수 있게 될 것이다.

교재의 구성을 역으로 해 본다

교재 개발 연구의 2번째는 교재의 구성을 역으로 다루어 보는 것이다.

• 직6면체의 전개도를 생각하는 예

예를 들면, 직6면체의 전개도가 여러 가지 있는 것을 알게 하고 싶을 때, 학생에게 어떻게 제기할 것인가. 일반적으로는 「직6면체의 전개도를 여러 가지로 생각해 봅시다」하고 발문한다. 그러나, 이것으로는 놀라지도 않고 하고 싶은 공부도 되지 않을 것이다. 거기에 이것을 역으로 생각한다. 직6면체를 만드는 것이 아니라 부수는 것이다. 아무렇게나 부수는 것이 아니라, 「몇 개의 변을 자르면 책상 위에 펼쳐질까?」하고 물음을 던지는 것이다.

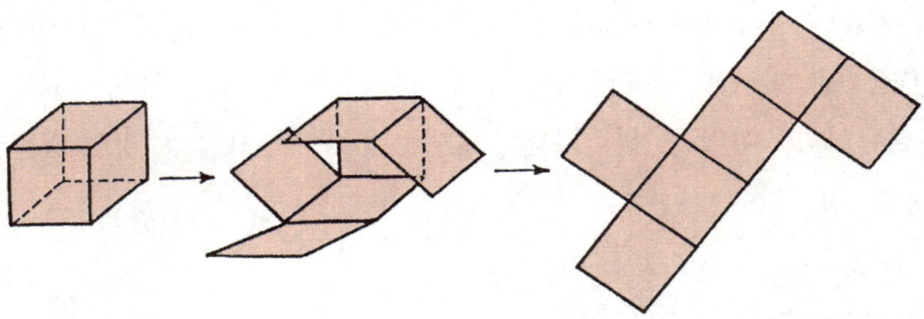

학생들은 예상을 하고, 실제로 모형을 잘라 본다. 그러면, 어떻게 자르더라도 모두 일곱 번으로 펼쳐질 수 있다. 다음 순간, 옆의 학생도 자기 것과 비교하고 다른 모양이 되어 있는 것을 알아차린다. 만약 훨씬 다르게 잘라 보면 어떻게 될까하고 시도한다. 마침내 교실의 앞에는 11종류의 전개도가 나열되게 된다. 학생들의 눈은 놀라움으로 가득차게 된다. 더욱이, 왜 누구도 일곱 군데 자르면 펼쳐질까 하는 새로운 질문이 나오는 것이다.

가까운 주위의 것을 교재로 한다

제3의 연구는 가까운 주위에 있는 사물을 수업에서 사용할 수 없을까 하고 항상 찾는 것이다.

• 전자 계산기를 교재로 사용하는 예

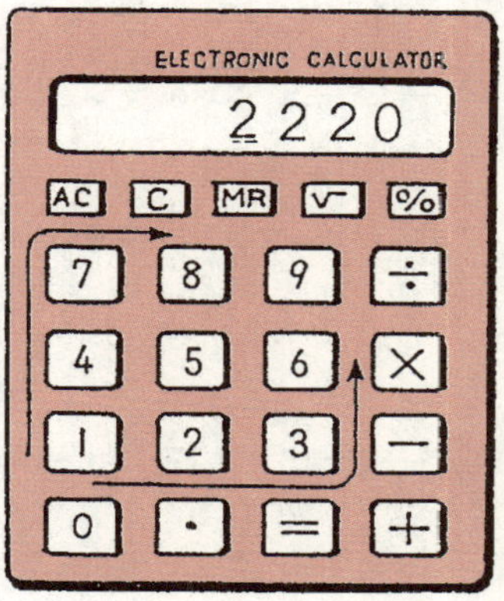

예를 들면, 전자 계산기를 볼 때, 그것은 계산 도구로 보인다. 그러나, 이것을 계산에 사용하지 않고, 하나의 교재로 사용할 수 없을까 하고 생각한다. 그러면 거기에 몇 가지 재미있는 교재가 보이게 된다. 구체적으로는 다음과 같은 것도 할 수 있다.

1에서 9까지의 수가 그림과 같이 나열되어 있는 것을 사용한다. 우선 수 1부터 시작하여 시계바늘 방향으로 돌아 3자리수의 덧셈을 한다. 147+789+963+321로 한 번 도는 것이다. 답은 2220이 된다. 다음에, 이것을 거꾸로 돌아서 똑 같이 해 본다. 즉, 123+369+987+741이다. = 표시를 누르면, 이것도 앞의 것과 같이 2220이다. 전혀 다른 수를 더하였는데도 답이 같게 된다.

학생들에게 이것을 하게 하면, 모두가 「왜?」「어째서?」라는 물음이 나온다. 거기에서 10진수의 구조를 연결시켜 갈 수 있는 것이다. 학생 자신에게 물음이 생겨나기만 하면, 활발한 수업이 될 수 있는 것이다.

4 지도법의 가지 수는 많을수록 좋다

장기를 둘 때에 가지고 있는 말이 많으면 공격할 방법을 여러 가지 생각할 수 있다. 가지고 있는 말이 적을 때에는 정해진 방법밖에 사용할 수 없으므로 괴로운 싸움이 된다. 수업도 같은 것이다. 교사가 언제나 같은 지도만 사용하여, 수학 시간이 되면, '교과서 몇 쪽을 펴세요, 거기를 읽어요, 중요한 곳에 빨간 선을 그어요'라는 방법만 한다면, 학생들도 의욕이 없어지고 교사도 타성에 젖은 수업을 하게 된다.

교사는 다양한 지도법을 알고 있으면 좋다.

해법의 다양성을 살린다

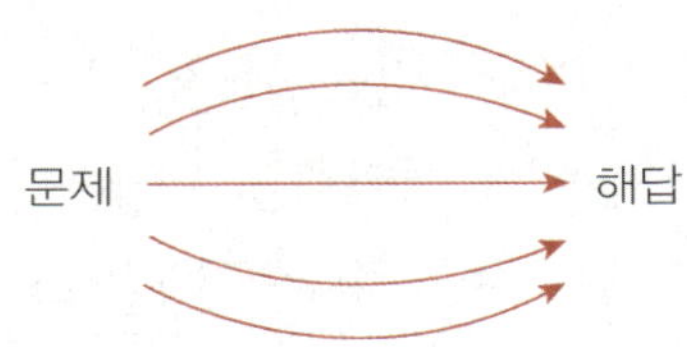

우선 제1은 해법의 다양성을 중요시 하는 것이다. 수학 문제에서는 답을 구할 수 있는 방법이 하나뿐인 것은 아니다. 옆의 그림과 같이 답을 구하기 위한 가장 빠른 방법은 있다고 하더라도, 보통은 다른 몇 가지의 풀이 방법이 있는 것이다.

학생들은 각자 여러 가지 풀이 방법을 쓴다. 수업 중에 이것을 사용하지 않을 필요는 없다. 교사가 미리 가장 좋다고 생각되는 풀이 방법만을 생각하고 있어서는 이것을 살릴 수는 없다. 수업 중에 여러 가지 풀이 방법을 소개하여, 어떤 때는 어느 것도 좋은 방법이라고 동급의 생각으로 살리기도 하고, 어떤 때는 보다 좋은 것으로 통합해 간다고 하는 생각으로 정리해 가기도 한다. 더욱이, 때로는 틀린 답으로 유도되는 것도 함께 다루면서 해결방법을 비교시키고, 비교하면서 좋은 것을 완성시켜 가는 태도로 수업을 진행할 수 있다.

예를 들면, 1학년의 받아 내림이 있는 뺄셈, 13−7과 같은 문제를 생각해 보자. 교과서에는 한 가지 방법밖에 실려있지 않을 것이다.

그러나 실제로는 어떤 학생은 세면서 1개씩 뺀다. 또 어떤 학생은 「3에서 7은 뺄 수 없으므로 10에서 7을 빼서 나머지를 3에 더하여 6」으로 한다. 「3에서 7을 뺄 수 없으므로, 우선 7에서 3을 빼어 4가 남고, 더욱이 10에서 그 4를 빼서 6」으로 하는 학생도 있다. 「7은 빼기 힘들므로, 10을 빼어서 나머지가 3, 그러나 3만큼 더 많이 빼었으므로, 3에 3을 더하여 6으로 한다」 등 어른과 같은 생각을 하는 학생도 나온다.

이와 같은 다양한 생각을 가지고 있는 학생의 힘을 이해하고, 인정해 주는 것이 좋은 수업 만들기도 된다.

해답의 다양성을 인정하는 것(끝이 열린 접근)

지도법의 연구 제2는 해답의 다양성을 인정하는 것이다. 수학 문제에는 극히 당연한 방법이 있으므로, 그것을 알고 공식대로 하면 정답이 반드시 하나 나온다고 하는 사고방법의 지도법을 타파하는 것이다. 수학 문제에는 여러 가지 풀이 방법이 있고, 때로는 정답이 몇 개라도 있다고 하는 생각을 강조하는 지도법을 생각한다.

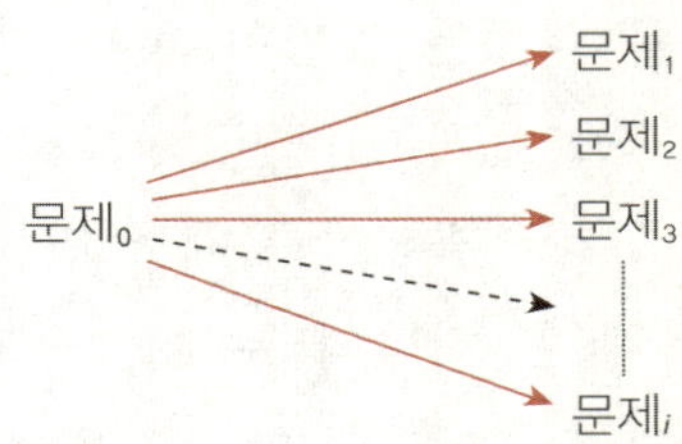

이와 같은 목적이 열려있는 수업이라고 하는 의미에서 오픈엔드 어프로치라고 부른다. 구구의 표를 보이고, 그 수의 나열 방법으로부터 「여러가지 규칙을 찾아 보자」라든가 입체도형을 여러개 놓고 「분류의 관점을 여러 가지 찾아보자」라든가 4사람 1조의 마라톤 경기를 하고 조의 순위를 정하는 방법을 생각한다. 즉, 「수치화해 가는 방법을 다양하게 생각하자」라고 하는 문제의 제시 방법이 그것이다.

수업의 끝에 옳은 것을 하나로 정리해 간다고 하는 교사의 생각은 버리지 않으면 안된다. 수업이 끝날 때에, 교사가 「오늘 한 공부를 정리하면 이것이것이었지요, 알았습니까?」하고 발문하고, 모든 학생들로부터 「예!」하고 말하게 하는 것은 단지 교사의 안심감 외에는 아무것도 아니다.

그래서, 제3의 연구는 이 책의 중심 과제인 「문제를 학생이 만든다」고 하는 수업이다.

문제를 학생이 만든다

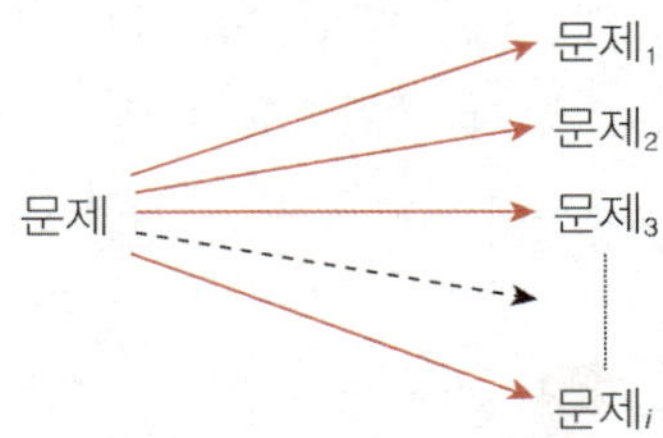

문제를 학생이 만든다고 하면, 어른은 그런 것은 어렵다고 생각하지만, 학생들은 의외로 즐겁고 쉽게 만드는 것이다.

수학 문제는 앞에서도 말한 바와 같이 일반적으로 주어진 문제를 푸는 방법이 주이다. 기본적인 내용을 학습한 뒤에, 학생들은 많은 연습을 하게 된다. 수많은 문제를 다루는 것만이 힘을 기르는 것이라고 생각하고 있다. 지겨울 정도의 문제를 풀게 된다면, 반드시 수학을 싫어하는 학생이 늘어날 것이다.

학생 자신이 문제를 만든다고 하는 활동을 생각해 보자.

어떤 하나의 문제를 풀고 난 후에 그 문제에 나오는 수치를 바꾸든가, 3각형의 문제라면 그것을 4각형으로 해 보든가 한다. 또는 문제의 구조를 역으로 해 보아도 좋다. 즉, 학생에게 수학적 활동 그 자체를 하게 하는 것이다. 이렇게 하면, 하나의 문제를 깊게 발전시켜 가는 것이 가능하게 될 것이다.

이와 같이 교사가 여러 가지 지도법을 알고 있으면, 교실에서 재미있는 수업을 계속할 수 있을 것이다.

5 수업에서의 평가

끝으로, 처음에 서술한 교사가 염두에 두어야 할 나머지 부분을 서술한다.

유연한 평가관을 가진다

수업에는 평가가 반드시 따른다. 이 평가에 대하여 생각해 보자. 평가를 학생의 등위와 같은 뜻으로 생각한다면, 수업에서 교사와 학생의 관계는 항상 부여하는 사람과 부여받는 사람으로부터 벗어나지 못한다. 평가는 어디까지나 수업을 잘 하기 위한 것으로 생각하고 싶다. 학생이 언제 어떠할 때, 어떤 반응을 하더라도 대처할 수 있는 것이 수업 중의 좋은 평가가 된다.

몇 가지 정해진 시점에서, 시험을 보고 학생의 상태를 조사하려는 평가는 자동차 기사가 신호만을 보고 운전하고 있는 것과 같다. 도로에서 갑자기 어린이가 튀어나오더라도 대응할 수 있도록 운전하는 것이 훌륭한 운전기사인 것과 같이, 수업에서도 항상 학생과 일체가 되어 생각하고, 대응해 갈 수 있는 평가관을 가지는 것이 바람직하다. 학생이 자기 자신이 하고 있는 것을 다른 학생의 발표를 듣고 수정하던가 또는 다른 학생의 생각을 정정해 주던가 하도록 서로 논의하여 질 높은 수업을 하고 싶다.

학생에 대한 애정

학생의 하찮고 소박한 의문에도 응해 주는 여유도 교사에게는 필요하므로, 귀찮아 하지 말고 때로는 문헌을 조사하여 친절하게 답해 주는 것도 중요하다. 이것이 학생에 대한 애정이다. 난처하여 꼼짝 못하는 내 자식에게 도움을 주는 부모의 입장과 같은 것이다.

자기 학습

그렇게 하기 위해서, 교사는 끊임없는 노력을 하지 않으면 안된다. 수학의 내용을 깊게 알고 수학사에도 관심을 가지며, 항상 자기 학습을 정진하는 노력을 하여야 할 것이다.

2 문제로부터 문제를 만든다

1 문제 만들기 활동

이제까지는 어린이의 생활 영역 중에서 사실(事實) 문제를 만들게 한다든지 수학적인 문제를 구성하는 시범을 보이던가 하였다. 예를 들어 「물건 사는 상황을 사용하여 이야기를 만드세요」라든지 「덧셈 이야기를 꾸며 보세요」 등이 많았다. 아동에게 문제를 만들게 하는 구체적인 방법으로는 다음과 같은 것들이 많이 사용되고 있다.

1) **模作법 또는 類題법**(어떤 문제를 학습한 후, 이것과 비슷한 것을 만들게 한다.)
2) **算式법**(계산식을 제시하고 그 식에 알맞은 문제를 만들게 한다)
3) **原理법**(사칙산법, 통분 등의 원리를 주고 이것과 상응하는 문제를 만들게 한다.)
4) **訂正법**(어떤 문제에서 그 문제 속에 일부러 필요한 조건을 생략하던가 필요이외의 조건을 더 많이 주어 모순되게 하여 정정시키는 방법)
5) **실험법**(실험이나 구체물의 조작을 제시하고 그것을 바탕으로 문제를 만들게 한다.)
6) **자유법**(자유로운 제재로 자유롭게 문제를 만들게 한다.)
7) **題材법**(제재를 주고 문제를 만들게 한다.)

여기에서 조금 더 발전시켜 원리나 계산식을 제시하여 사실 문제를 이것에 맞추어 가는 입장과는 반대로 문제를 발전적으로 생각하는 가운데 수학적인 구조에 착안시켜 가는 점이다.

다시 말하면, 처음부터 문제를 만드세요라고 하는 것이 아니라, 처음에는 일반적으로 문제를 해결하는 활동을 하고 그 다음에 문제를 해결 한 것을 바탕으로 하여 문제를 발전시켜 가는 태도를 기르는 것이다. 이렇게 하는 활동 중에 처음 문제와 발전시킨 문제 사이에 어떤 공통적인 구조가 있는지 또는 어떤 변화가 있는지 등을 생각하게 된다.

• 예1) 나눗셈 (3학년)

처음에 「14÷7」과 같은 나눗셈 문제가 주어진다. 구구단 7단에서 14가 되는 것을 찾으면 답할 수 있는 문제이다. 구구단의 범위에서 생각할 수 있는 문제이다.

일반적인 지도에서는 이 문제의 다음에 다시 구체적인 상황이 제시되어 「14÷4」와 같은 문제가 주어진다. 그리고 답은 「3 나머지 2」로 쓰도록 가르쳐진다. 어린이는 구구단의 범위에서 답이 없으므로 어떻게 답해야 좋을지 모른다. 교사가 가르쳐 줄 것을 기다릴 뿐이다. 이 학습 상황에서는 이제까지의 계산보다 확장이 행하여지는 것이다. 즉, 답이 없는 나눗셈에서 어떻게 답을 쓰면 좋을지를 스스로 생각해 내는 것도 된다. 여기서 조금 다른 지도법을 생각해 보자.

14÷7과 같은 구구단을 사용하여 답을 구하는 범위에서 답이 구해지는 나눗셈 지도 후, 이 문제를 해결하면 그것으로 끝나지 않고, 「그러면, 14÷7이 아니라 14÷4이라면 어떻게 될까?」라든지 「15÷7이라면 어떨까」하고 생각하는 어린이를 기르고 싶은 것이다.

즉, 나누는 수(제수)가 어떤 수라도 같은 방법으로 가능한지, 나누어지는 수(피제수)가 어떤 수라도 좋을지를 생각하게 하고 싶다. 그렇게 하면, 「14÷4」는 틀림없이 자신의 절실한 문제로 될 것이다. 답이 없는 나눗셈에서 어떻게 답을 쓰면 좋을지를 생각하는 필요성을 느끼게 하는 문제가 되는 것이다.

이렇게 하면, 당연하게 「3 나머지 2」등의 쓰는 방법을 가르치지 않아도 이것에 가깝게 쓰는 방법을 어린이 자신이 생각해 내고, 「4에서 2부족」과 같은 재미있는 발상으로 답을 쓰는 방법을 창출해 낸다.

하나의 수학 문제가 바탕이 되어 거기에서 새로운 문제를 창조하게 된다. 문제로부터 문제가 만들어지는 것이다. 이러한 연속적인 물음 속에서 새로운 수학 학습이 성립하게 되는 것이다.

2 문제 만들기 활동에서 무엇을 기대할 수 있을까?

그러면, 이와 같은 문제 만들기 활동을 함으로써 어떤 좋은 점을 생각할 수 있을까?

처음 주어진 문제를 잘 알 수 있다

어린이는 처음에 어떤 하나의 문제를 해결한다. 다음에 거기에서 발전된 문제를 만든다. 이 활동은 문제만들기 → 문제해결 → 문제만들기 → 문제해결이라는 연쇄적인 활동이 된다. 어린이는 이러한 반복 속에서 서서히 처음 문제의 구조나 조직을 확실히 파악하게 되고 정착시킬 수 있게 되는 것이다. 이와 같이 문제 만들기의 연속적인 활동 중에 처음 주어진 문제를 깊게 파악할 수 있다.

어린이가 자유롭게 만드는 문제 중에는 역구조를 가진 문제로 눈이 트이게 되면, 이것은 처음 문제의 조직을 진정으로 잘 파악한 것으로 생각할 수 있다.

• 예2) 식목산(나무심기 계산) (2학년)

그림과 같이 5개의 깃발이 8m 간격으로 서 있다. 끝에서 끝까지는 몇 m일까요?

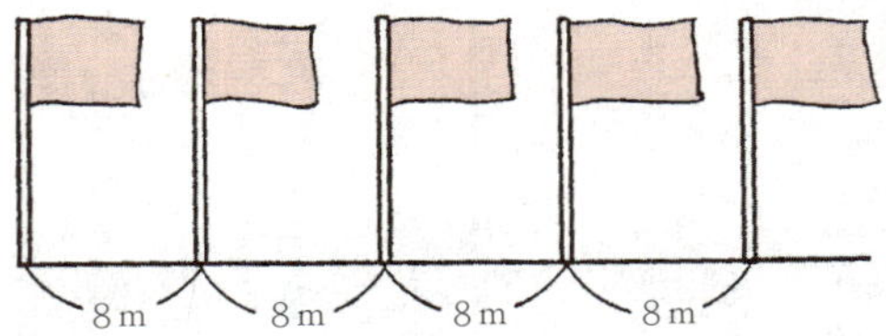

많은 어린이들은 8×4=32m라고 한다. 다음으로 많은 것이 5×8=40m, 그외에 8×5=40m, 4×8=32m 등이다. (한 개분을 나타내는 수)×(몇 배를 나타내는 수)의 식의 의미로부터는 8×4=32가 옳다. 이 이외는 문제의 문장에 끌린 오답이 된다.

오답을 한 어린이는 그림으로부터 그 의미를 상세히 설명하여 수정시켜서 이해하게 하는 방법을 취하는 것이 일반적이다. 그리고, 이 문제의 의미와 답을 이해했다고 하고, 다음 문제로 옮겨 간다.

그러나 이 문제가 진정한 의미로 이해되었는지 어떤지, 깊게 파고들어 생각하면, 이와 같은 표면적인 활동으로는 만족할 수 없다. 그렇다면, 깊은 이해가 되었다고는 말하기 힘들다.

• 처음 문제를 기반으로 하여 스스로 문제를 만들게 한다

여기서, 앞에서 논한 문제만들기 활동을 도입해 본다. 「지금 한 문제를 조금 바꾸어, 새로운 다른 문제를 만들어 봅시다」라고 한다. 그러면, 「5개의 깃발이 9m사이로 서 있습니다. 깃발에서 깃발까지 몇 m일까요?」라는 문제가 튀어 나온다. 8m가 9m로 바뀐 것 뿐이다. 이 문제를 다루는 것만으로도 「1개분을 나타내는 수」가 8로도 9로도 될 수 있다는 것이 확인된다. 2학년의 이 단계에는 8단의 구구도 9단의 구구도 할 수 있다고 하는 일반화가 요구되는 것이다.

더욱이, 학생이 만드는 문제에는 깃발의 수를 바꾸는 것도 있다. 5개가 6개, 7개로 된다. 곱하는 수를 바꾸는 것이다. 이것이 2자리수가 되면, 그것은 바로 3학년 학생의 문제로 발전한다.

• 처음 문제의 구조를 알 수 있다

이런 문제를 제시하여 하게 함으로써, 학생은 이 문제에는 깃발의 수와 깃발과 깃발 사이의 길이는 어떤 수라도 좋으며, 중요한 것은 「깃발과 깃발 사이의 길이」를 알고, 그것에 「간격의 수」를 곱하면 답이 구해지는 문제구나, 하는 것을 잘 알게 되는 것이다.

문제를 만들어, 그것을 음미함으로써, 처음 문제의 구조를 깊이 이해할 수 있는 것이다.

수학적인 사고가 자연스럽게 생긴다

• 수학적 사고방법을 자연스럽게 불러일으킨다

1개의 문제를 바탕으로 하여, 거기서부터 발전적인 문제를 만들어 가는 활동, 학생에게는 닮은 문제를 만들어 간다고 하는 활동은 귀납적인 생각이나 일반화의 생각, 또는 유추라고 하는 사고 방법을 자연스럽게 불러일으키게 하는 것이다. 이들 생각은 모두 수학적 사고방법이라고 말해지는 것 중의 몇 가지이다.

앞의 예로 말하자면, 깃발이 몇 m의 등간격으로 서 있는 상황으로, 깃발에서 깃발까지의 길이를 구하는 문제이다. 학생이 만드는 문제 중에 수를 바꾸어 5개를 7개나 8개로, 8m를 9m나 10m로 해 가려고 하는 태도가 있다면, 그것은 초등학생에게는 틀림없이 수의 일반화를 생각하고 있다는 것이 된다.

또, 깃발과 간격의 수 사이의 관계를 명확히 하려고, 더욱더 간단한 상황으로 해 보려고 하는 학생이 있고, 깃발이 단지 2개 밖에 없을 때는 간격이 1개 뿐이다. 즉, 간격의 수가 그대로 답이 되며, 이것은 특수화의 생각이다. 거기에, 깃발의 수보다 간격의 수는 1개 적은 것을 찾을 수 있게 되면, 이것은 일반화의 생각도 된다.

또한 숫자는 그대로 해 두고, 깃발이 아닌 문제로 해보려고 하는 학생도 초등학교 저학년에는 많이 있다. 이것도 상황이나 事象을 일반화하고 있다고도 말할 수 있다.

• 문제의 의상(옷)을 바꾸어 일반화를 도모한다

즉, 이와 같은 수학적 사고를 한다고 하는 것은, 어느 것도 그 문제의 옷을 바꾸어 보고 있다는 것이다.

이것에 대하여, 옷은 그대로 두고 뼈대의 구조를 바꾸어보려고 하는 생각도 생겨나게 된다.

예를 들면, 다음 그림과 같이,「연못 둘레에 보호말뚝이 8개 서 있습니다. 말뚝과 말뚝 사이가 3m라고 하면, 연못 둘레는 몇 m가 됩니까?」라는 문제를 생각한 학생이 있다고 하면, 이 문제는 말뚝과 그 간격의 수를 문제로 하고 있으며, 옷은 바뀌지 않고 있지만, 그 뼈대는 명백히 바뀌져 있는 것이다. 깃발의 수와 간격의 수는 같게 되니까.

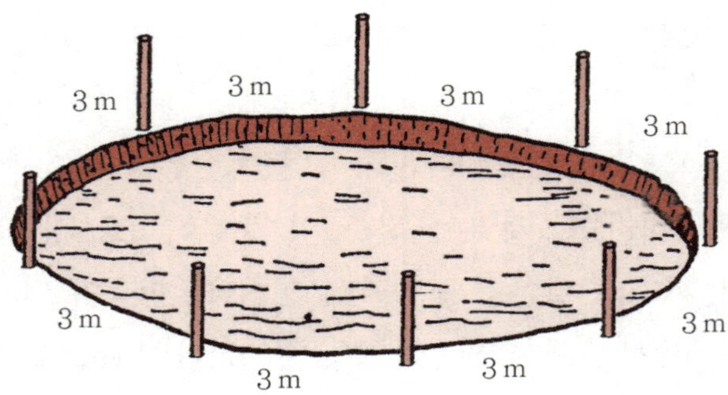

• 반대(역)의 구조로 해 본다

또 그 중에는 문제를 역으로 구성하는 학생도 나온다. 아래 그림과 같이, 처음 문제와 전혀 변함이 없는 상황으로, 문제는「깃발이 몇 개인가 서 있습니다. 깃발과 깃발 사이는 8m이고, 끝에서 끝까지는 40m입니다. 깃발은 전부 몇 개일까요?」라는 문제이다. 이들은 곱셈의 문제에서 발전하여 나눗셈의 문제로 되어버린 것이다.

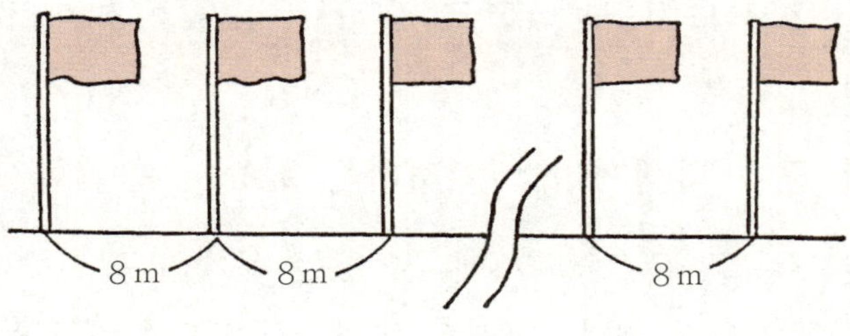

이와 같은 생각은 처음 문제에서 유추하여 생각해 가는 것 같은 문제라고 말할 수 있다.

이와 같이, 문제를 만들어 가는 활동 중에는 의도하지 않더라도 자연스럽게 학생이 수학적 사고방법을 구사하게 되는 것이다.

개인에 따른 활동이 된다

수학문제를 만드는 활동에는 각각의 학생이 모두 다른 문제를 만들게 되므로, 교사는 반드시 학생 개인에 따라 대응하지 않으면 안 된다.

모든 학생은 역량에 따라 최선을 다하여 활동한다. 또, 학생이 만든 문제를 이용함으로써, 우수한 학생에게는 우수한 학생 나름의, 약간 뒤처지는 학생에게는 그에게 맞는 문제를 부여하는 것이 가능하게 된다.

앞의 예에 의하면, 학생이 만든 문제를 이용하는 것이 생각되어진다.

학생이 만든 문제 중에서 전체의 문제로 채택하는 것은 2학년의 단계에서는 거의 수치를 바꾸어 만든 문제가 적당하다. 어떤 경우의 수치라도 곱셈의 식을 세울 수 있고, 간격의 수는 깃발의 수보다 1적은 것을 알게 되면 된다. 그런 면에서 일반화를 도모하도록 노력한다.

우수한 학생에 대해서는 유추하여 만들어진 문제, 또는 틀린 문제를 고치는 등에 시간을 주는 것 등을 생각할 수 있다. 개인에 따른 지도를 충분히 할 수 있게 된다.

학생들끼리 서로 이야기하는 활동이 활발하게 된다

• 일제 수업 중에 학생끼리 이야기하는 활동이 활발하게 된다

학생이 만드는 문제는 교과서에 써 있는 문제와 같이 세련된 문장으로 만들어질리는 거의 없다. 그래서, 이와 같이 만들어진 문제를 학생들끼리 음미하게 하는 활동을 생각할 수 있다. 그런 상황에서 여러 가지 의견 교환이 활발하게 된다. 왜냐하면, 주어진 문제가 아니라, 스스로 자기들이 만든 문제이므로 친근한 문제로 받아들이는 마음이 강하기 때문도 있다.

친구들이 만든 문제를 수정하는 것을 보고, 자기 자신의 문제 만드는 방법을 수정하고, 즉, 자기평가를 하든가 자기가 만든 문제의 가치를 다시 한번 알게 되기도 한다.

• 틀린 문제: 완전히 갖추지 못한 문제

예를 들면, 1학년 학생이 「빨간 꽃이 6송이 있습니다. 노란 꽃이 4송이 있습니다. 꽃 송이의 차이는 몇 송이 입니까?」라는 문제를 바탕으로, 자유롭게 만든 문제 중에 다음과 같은 것이 있다.

그것은 「빨간 꽃이 6송이 있습니다. 노란 꽃이 4송이 있습니다. 보라색 꽃이 3송이 있습니다. 꽃 송이의 수의 차이는 얼마입니까?」라고 하는 것이다.

이와 같은 문제를 학생들에게 제시하면, 곧바로 「어느 것과 어느 것을 비교하여 차이를 내면 좋습니까?」하고 질문이 나온다. 또는 「3가지가 있으니까 차이는 낼 수 없어요」, 「2개씩 비교하면 되지 않을까」 등등의 의견이 속출한다.

교과서에는 뺄셈의 차의 의미를 지도할 때에 이미 처음부터 2가지의 것을 비교하고 있다. 그것이 당연하다고 학생도 교사도 보통으로 생각하고 있다. 그러나 이런 문제에 직면한 것 만으로 차의 의미를 다시 한번 생각하게 된다.

• 올바른 비판 능력

토론이 활발하게 되고, 올바른 비판적 태도나 능력이 육성되게 된다. 학생들끼리나 자신의 평가가 가능하게 되는 것이다.

3 문제 만들기 수업의 흐름

原題의 해결

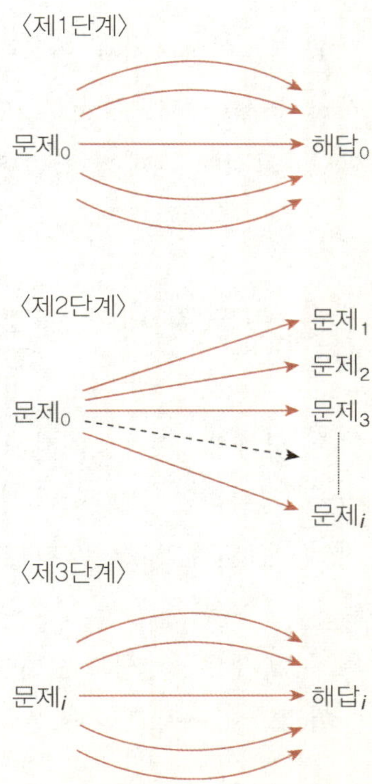

실제로 이런 수업을 시도할 때의 흐름을 생각해 본다. 크게 3가지 단계로 나누어서 생각할 수 있다.

제1단계는, 처음의 문제(원제)를 해결하는 것이다. 실제로는 문제의 질에 따라, 1시간의 수업이 모두 이것을 하는데 걸리기도 하고, 1시간의 반 정도가 문제를 푸는데 걸리고, 나머지를 다음 단계로 가져가는 것도 생각할 수 있다.

여기서는 1개의 문제에 대하여 여러 가지 생각이 나오는 것은 당연하며, 다음 그림과 같이 문제에 대한 사고방법이 다양하게 나오게 되는 것이다. 교사는 이것을 인정하고, 다음의 문제 만들기에도 적용할 수 있다.

학생이 문제를 만든다

제2단계에서는, 실제로 학생이 문제를 만든다. 위의 그림에서 알 수 있는 것과 같이, 제1단계에서 사용한 원제가 있지만, 이것을 바탕으로 하여 만드는 것이다. 당연히 만들어지는 문제는 다양하며, 한 학생이 3개나 4개를 만드는 것이 보통이다. 학생이 문제를 만드는 방법도 실로 다양하지만, 이것에 대해서는 뒤에서 논한다.

문제의 음미와 분류

또, 이 단계에서는 만들어진 문제에 대한 음미와 분류 활동도 생각한다. 몇 가지 문제를 제시하면서, 어디를 어떻게 바꾸어서 만들었는지를 서로 이야기한다. 그것에 의해 불충분한 점을 고치거나, 고쳐서 다시 만들거나 한다.

만든 문제의 해결

제3단계에서는 새롭게 만들어내진 문제를 어떻게 해결해 가면 좋을지를 다시 생각하는 학습이다. 학생이 만든 문제가 학급 전체의 공통의 문제가 되어 제1단계와 같은 학습이 된다. 때로는 학생이 만든 문제가 다음에서 다음으로 계속 나와서 연속적인 형태로 되어 반복되는 경우도 있다. 또, 하나의 문제가 더욱 새로운 문제가 되어 반복되는 경우도 있다.

이러한 3가지 단계를 거친 수업의 흐름을 알기 쉽게 그림으로 나타내 보면 〈그림 1〉과 같다.

〈그림 1〉 수업 과정

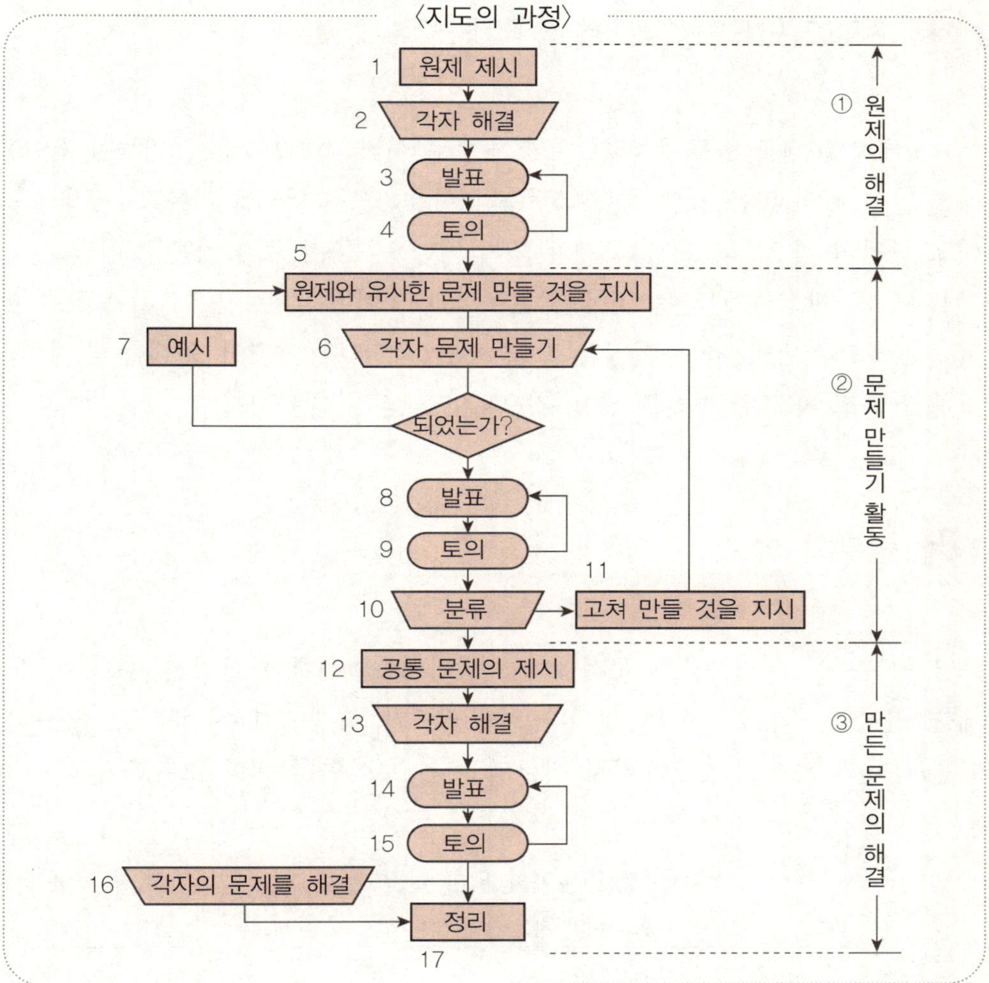

4 어떤 발문으로 문제를 만드는가?

문제를 만드는 방법에서 규제는 적게 한다

학생에게 문제를 만들게 하기 위한 발문은 여러 가지가 있다. 가능한 한 규제를 많이 하지 않는 것이 좋다. 「정수만 사용해서는 안되요」라든가 「덧셈으로 해요」, 「답이 나오지 않으면 문제가 되지 않아요」 등은 좋지 않은 것이다.

자유롭게 발상하게 하는 곳에 발전이 있다. 어떤 때는 문제로서는 부족한 것도 있으며, 답이 나오지 않을 수도 있다. 그러나 그것이 문제를 깊게 음미하게 하고 새로운 발견을 낳는 것으로 연결되기 때문이다.

발문의 의도

발문하는 큰 의미는 「원 문제에서 출발하여, 발전하여 생각할 수 있는 문제를 만들어 간다」고 하는 것이다. 이 의도가 학생에게 전달될 수 있도록 표현하면 되는 것이다. 몇 가지 발문의 예를 보이면 아래의 그림과 같다.

〈문제 만들기를 위한 발문의 예〉

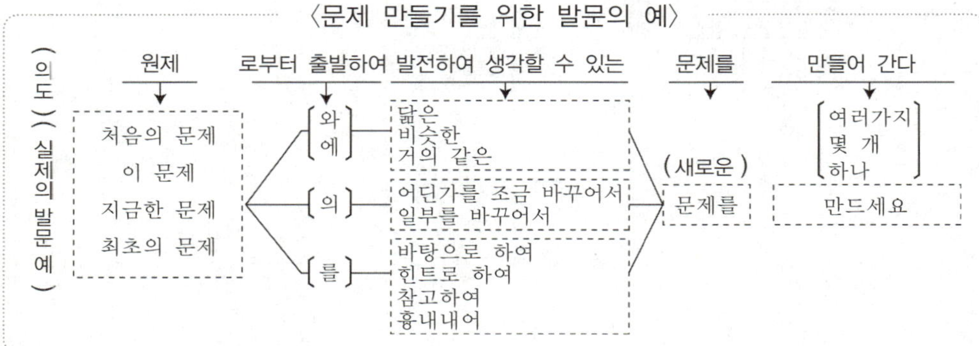

5 학생이 만든 문제

도형이 들어 있는 곱셈 문제

학생은 이와 같은 활동 속에서 어떤 문제를 만드는 것일까? 다음의 예는 3학년이 만든 것이지만, 이것에 대하여 생각해 보자.

처음의 문제(원제)는 다음과 같이 2자리수에 1자리수를 곱하는 상황을 사용한 문제이다.

철사로 1변이 36cm인 정삼각형을 만들었다.
둘레의 길이는 몇 cm일까요?

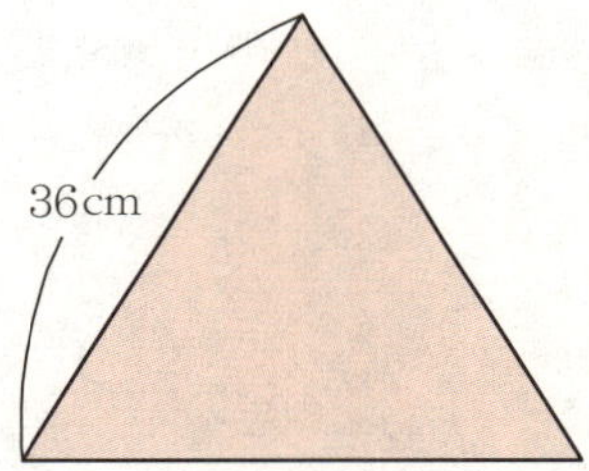

이 문제를 푼 후에, 학생이 만드는 문제는 다양하게 된다. 우선 가장 많은 것이 수치에 착안하여 문제를 만드는 것이다.(수치에 착안하여 문제를 만든다)

수치에 착안한 문제 만들기

철사로 1변이 48cm인 정삼각형을 만들었다.
둘레의 길이는 몇 cm일까요?

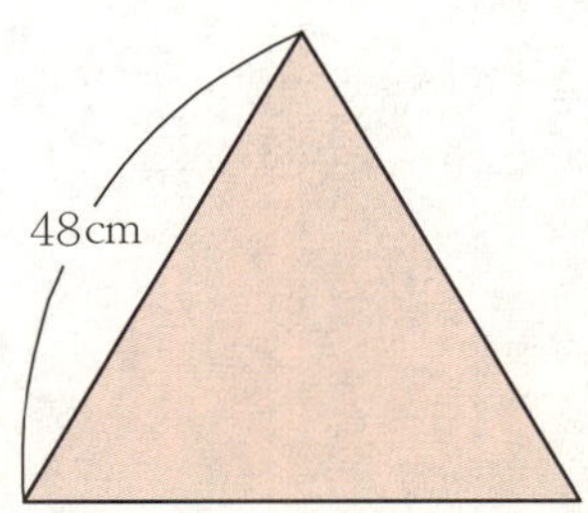

이 문제에는 1 변의 길이가 바뀐 것이며, 문제의 구조는 그대로이다. 그러므로, 처음의 문제를 풀 때에, 36×3으로 한 식의 36을 48로 바꾸어서 48×3으로 하면 된다. 이런 형태의 문제 중에는 36cm가 108cm와 같이 2자리에서 3자리수로 변한 것도 있다. 이것은 자리수의 확장으로 발전된다.

다음에 제시하는 것은 상황에서 나오는 사물을 바꾸려고 하는 것이다.(사물에 착안하여 문제를 만든다)

사물에 착안한 문제 만들기

대나무로 1변이 36cm인 정삼각형을 만들었다.
둘레의 길이는 몇 cm일까요?

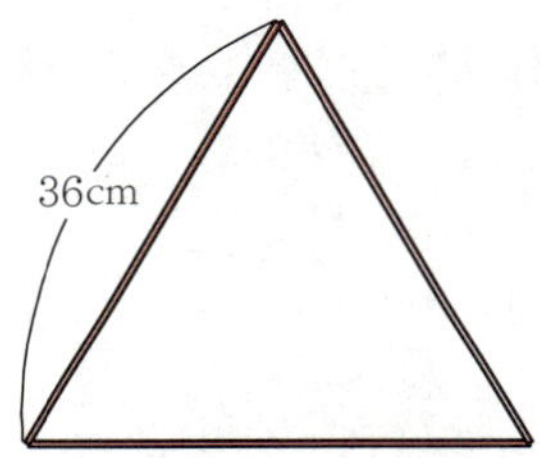

또, 정삼각형을 다른 형태로 바꾸어 문제를 만들려는 발상을 하는 학생도 있다.(모양을 바꾸어 문제를 만든다)

모양에 착안한 문제 만들기

철사로 1변이 36cm인 정6각형을 만들었다.
둘레의 길이는 몇cm일까요?

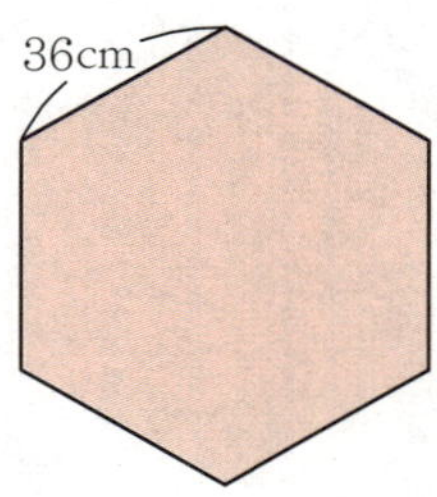

3학년 단계에서 정6각형의 개념을 배우지는 않았지만, 여기서는 변의 길이가 같은 6각형을 말하는 정도의 의미로 그림과 함께 만들고 있다. 처음 문제와 비교하면, 곱해지는 수의 변경이 된다.

수치, 사물, 모양을 바꾼 것을 따로따로 나타냈지만, 물론 학생은 이것들을 잘 조합하여, 변경하는 관점을 다양하게 바꾸면서 만들어 가는 것이다.

더욱이, 같은 도형일지라도 평면도형을 입체도형으로 바꾸려고 하는 학생도 있다.(유추하여 문제를 만든다)

평면을 입체로 유추한 문제 만들기

철사로 1변이 36cm인 주사위와 같은 모양을 만듭니다.
둘레의 길이는 몇 cm일까요?

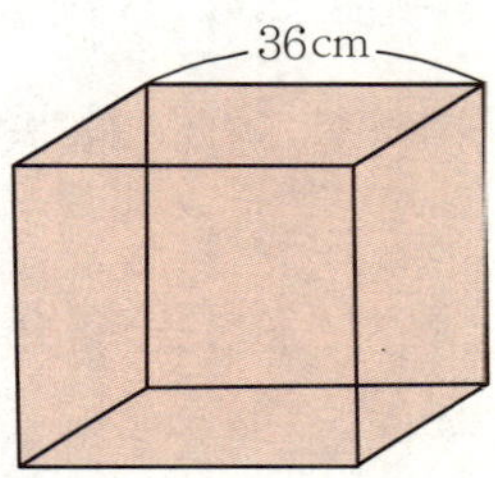

3학년 학생으로는 입방체라는 말은 모르므로, 그것을 의미하는「주사위」의 모양으로 하고 있다. 이것은 문제로서 구성할 수 있어도 학생에게 있어서는 아직 어려운 문제이다. 이것은 곱하는 수가 2자리수로 되는데, 즉, 입방체의 변의 수는 12개 이므로, 36×12가 되어, 새로운 발전문제를 제기하게 된다.

이것을 사용하여 다음에로의 학습의 발전이 가능하게 된다. 이 외에, 사고의 단계가 약간 복잡하게 되는 조합하는 문제를 들 수 있다. (조합된 문제를 만든다)

조합하여 복잡한 문제 만들기

철사로 1변이 36cm의 정3각형을 2개,
1변이 36cm인 정4각형을 2개
단들었습니다.
철사의 길이는 어느 쪽이
몇 cm깁니까?

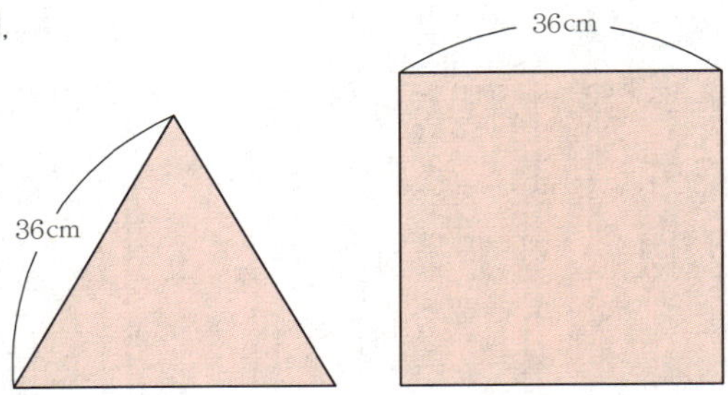

이것은 정3각형과 정4각형의 양자를 조합한 복잡한 문제로 하고 있다. 36×4×2−36×3×2인 식으로 계산되는 것이며, 연구하면, 36cm를 2배한 만큼 정4각형 쪽이 길게 되는 것을 알 수 있다. 생각하게 하는 문제로도 된다.

또한 문제 구성을 역으로 해 보는 학생도 나타난다.(역으로 구성하여 문제를 만든다)

역으로 조직한 문제 만들기

이와 같은 역으로 구성한 문제로는 연산의 구조가 바뀌게 된다. 곱셈이 나눗셈으로 되기 때문에, 단계가 더욱 발전해 간다. 직접 이 단계에서는 문제를 풀 수 없을지도 모르지만, 이와 같은 상황의 구성이 되어서, 나눗셈으로 풀 수 있는 문제인 것은 이해될 것이다. 의미가 있는 문제가 된다.

철사로 정3각형을 만들었다.
둘레의 길이는 전부하여 108cm였다.
1변의 길이는 몇 cm일까요?

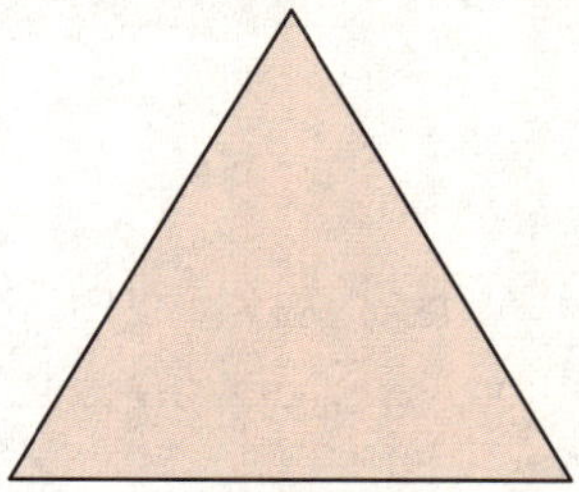

끝으로, 같은 구조를 가지는 전혀 다른 상황의 문제를 만드는 경우도 들 수 있다.(같은 구조를 가지는 다른 상황의 문제를 만든다)

구조는 같고 상황이 다른 문제 만들기

연필을 36개씩 3개의 봉투에 넣었습니다. 연필은 전부하여 몇 자루일까요?

이와 같은 문제를 만들 수 있는 경우는, 원문제의 구조가 곱셈으로 일반화되어 받아들이고 있다고 보아도 좋다. 문제의 의미가 확실하게 정착되어 있다고 받아들여도 좋은 것으로 생각할 수 있다. 전체의 문제로서 무엇이 공통적인지를 음미하게 하면 좋은 활동을 할 수 있다.

이상과 같이 학생이 문제를 만드는 방법은 다양하므로 교사는 미리 그것을 알아둘 필요가 있다.

6 학생이 만든 문제를 어떻게 할까?

앞에서 언급한 바와 같이 학생이 만든 문제는 다양한데 이렇게 만들어진 문제를 만든 그대로 두어서는 안 된다. 여기서 학생들이 만든 문제를 다음과 같은 활동에 사용하는 것을 생각할 수 있다.

만든 문제와 처음에 주어진 문제의 다른 점을 서로 이야기한다

「이 문제는 처음에 주어진 문제의 어디를 바꾸어서 만들었을까?」라는 발문으로 문제를 만든 방법을 묻는다. 문제를 만든 학생에게 대답하게 하는 방법도 있지만, 문제를 보고 다른 학생들에게 생각하게 하는 것도 좋다. 어느 부분을 어떻게 바꾸어서 만들었는지 어떤 발상으로 만들었는지가 논의의 중심이 된다.

자기가 문제를 만드는 방법과 같은 점이나 다른 점을 주시하여 고치기도 하고 좋은 점을 다음 기회에 사용하려고 하는 태도도 나타나는 중요한 활동이다.

만든 문제를 분류한다

학급 학생 전원이 만든 문제를 하나하나 음미하는 것은 정해진 수업 시간만으로는 부족하므로, 전형적인 형태의 문제를 몇 개 선택하여 음미할 수 밖에 없다. 이를 위해서는 형태가 다른 문제를 학생의 관점에서 분류하게 하는 것을 생각할 수 있다. 만든 문제를 분류함으로써 문제를 만드는 방법에 따른 분류도 있을 수 있고 또는 계산 종류에 따른 분류도 있을 수 있다.

이러한 활동을 통하여 문제를 다시 재 음미하고, 다음에 생각해 봐야 할 문제를 근거를 가지고 선택해 낼 수 있게 된다.

답이 있는지 없는지를 생각한다

만든 문제를 실제로 풀어 보면, 풀리지 않는 문제가 많이 있다. 쉽게 생각하면, 답이 없는 문제는 가치가 없는 것이라고 생각하기 쉽다. 그러나 아동의 이 단계에서는 답이 없는 문제, 아직 풀 수 없는 문제는 큰 의미가 있는 것으로, 새로운 문제점을 창출하고 새로운 수학을 만들어 내는 것이 된다.

그러므로 만들어진 문제에 답이 있는지 없는지를 음미하는 것은 문제에 대한 표면적인 견해에서 한층 더 깊은 사고가 가능하게 되는 것이다.

완전하지 않은 문제를 고친다

아동들이 만든 문제 중에는 상황이 매우 부자연스러운 것이나 답을 구하기에는 조건이 부족하던가 반대로 너무 많은 것이 있다. 또는 조건이 과부족하지는 않지만, 해답을 구할 수 없는 것도 있다. 이와 같은 문제를 그대로 두지 말고 왜 그 문제가 완전한 문제가 되지 않는지, 어떻게 하면 해답이 나올 수 있는지 또는 그 문제를 어떻게 고치면 완전한 문제가 되는지를 서로 이야기한다. 이러한 활동을 하는 중에 유연한 견해와 사고 방법이 육성된다.

처음에 주어진 문제를 일반화한다

주어진 처음 문제 만으로 일반화 하려고 시도하면, 너무 성급할 것이다.

아동이 만든 문제 중에서 예를 들면 수치만 바꾼 문제가 많으면, 특히 그것을 강조하여 서서히 일반화시켜 가는 것이 좋을 것이다.

2~3개의 비슷한 문제를 해결해 가는 중에 「수가 어떤 경우에라도 풀릴 수 있는 방법은 무엇일까?」라든지 「어떤 수라도 풀 수 있는 방법은 없을까?」라는 발문이 유효하게 된다.

역의 문제로 예를 들어 문제의 조직을 명확히 한다

문제의 구조가 처음 문제와 역으로 되어 있는 경우를 다룸으로써 연산의 상호 관계와 처음 주어진 문제의 구조를 보다 깊게 이해하게 되는 것이다.

예를 들면, 「36장의 색종이를 9장씩 나누면, 몇 사람에게 나누어 줄 수 있는가?」라는 문제가 바탕이 되어 그것과 역의 상황을 생각하면, 「9장씩 4사람에게 색종이를 나누면 몇 장이 필요한가?」라고 하는 문제와 「36장의 색종이를 4사람에게 나누면, 한 사람에게 몇 장씩 돌아가는가?」라는 문제가 구성된다. 이와 같은 문제를 채택하여 음미하면, $a \times b = c$와 $a = b \times c$, $b = c \div a$의 상호관계가 명확하게 된다. 즉, 나눗셈은 곱셈의 곱해지는 수를 구하는 등분제의 상황과 곱하는 수를 구하는 포함제의 상황이 있다는 것을 이제까지와는 다른 각도에서 볼 수 있게 된다. 이 예와 같이 처음에 주어진 문제를 깊이 있게 이해하는 데 도움이 된다.

3 조건을 완전히 갖추지 못한 문제

1 교과서의 문제는 지나치게 완벽하다

교과서만이 교재인가?

일반적인 수학 수업 중에 학생에게 주어지는 문제는 교과서와 익힘책에 실려 있는 것이나 문제집에 있는 것이 주를 이루고 있다. 물론 이와 같은 문제는 풀 수 있게 하기 위한 기본적인 능력을 몸에 익히게 하는 데는 중요한 것이다.

그러나, 수학 공부는 학생들이 학교에서 선생이 내는 문제를 풀 수 있게 하는 것이다라든지 교과서나 문제집에 있는 것과 같은 문제의 해결을 알면 그것으로 충분하다고 생각하는 것으로는 약간 부족한 감이 든다.

일상의 우리들 주위에서 만나게 되는 다양한 사건 · 사물을 수학 속으로 끌어들여오는 힘, 즉 현실세계의 문제를 수학의 세계에서 생각해보려고 하는 이상화하는 힘을 갖게 하고 싶다. 또, 하나의 특수한 문제를 풀면, 그것을 발전시키거나 일반화하거나 하여 다른 유사한 문제 해결에 도움이 되도록 하는 힘도 갖게 하고 싶다. 즉, 여기서 말하는 문제를 스스로 만들려고 하는 태도이다.

조건이 부족한 문제를 도입한다

그러기 위해서는, 교과서에 있는 것과 같은 세련된 문장으로 정돈된 문제만 주어지는 것만으로는 안 된다. 처음의 문제는 그래도 좋지만, 그것을 바탕으로 하여 자기 스스로 문제를 설정하는 힘을 가지는 것이 바람직하다. 그리고, 만들 수 있는 조건이 정확하게 정돈되어 있지 않은 문제를 정비해 가는 활동도 필요하게 된다.

처음부터 정확한 문제를 만드는 것은 어렵지만, 세련되지 않은 문제를 고쳐 가는 활동 중에는 수학적인 힘을 기르는 좋은 재료가 갖추어져 있는 것이다.

2 조건이 불비(不備)한 문제와 그 해답

교과서에는 실려있지 않은 문제, 즉, 학생이 만드는 문제는 조건에 과부족이 있던가 깔끔한 문장이 아닌 문제가 많다. 이것에 대하여 좀더 자세히 생각해 보자.

조건 불비의 문제를 활용한다

조건이 갖추어져 있지 않은 문제에 대한 고찰이다. 이것이 어떤 가치를 갖는가를 교사가 알고 있지 않으면, 문제 만들기 활동에서, 충분히 갖추어지지 않은 문제를 살릴 수 없는 채로 끝나버리게 된다.

조건이 불충분하면 「문제」라고 말할 수 없다고 할 수도 있지만, 학생에게 흥미나 관심을 강하게 느끼도록 계획된 것이므로, 거기에 미지의 것이 포함되어 있으면 문제가 될 수 있다.

또, 「…을 구하시오.」라고 하는 예에서 대표되는 요구 형태로 제시되는 것이므로, 요구되는 것이 존재하지 않더라도 문제로서 좋을 것이다. 그 경우는 요구되는 것이 존재하지 않는 것을 명확히 하면 좋기 때문이다.

그러한 의미에서 조건이 불충분한 문제를 학생에게 부여하는 것은 수학의 장에 현실의 문제를 끌어 들이거나 문제를 세련된 것으로 다시 만들거나 하는 경험을 충분히 주는 것도 된다.

조건과 해답의 관계

그래서, 이와 같은 문제를 학생에게 제공하기 전에 교사는 문제의 조건과 그 해답의 관계를 생각해 둘 필요가 있다.

우선, 조건 쪽에서부터 생각한다. 그것은 다음의 3가지로 분류될 수 있다.

① 조건에 과부족이 없는 문제

② 조건 부족의 문제

③ 조건 과잉의 문제

다음에 해답 쪽에서 생각하면, 역시 3가지 경우를 들 수 있다.

① 해답이 1개로 정해지는 경우

② 해답이 2개 이상 다양하게 되는 경우

③ 해답이 없던지, 유무가 불분명한 경우

이 양자의 관계를 표시해 보면, 아래 표와 같이 된다.

조건 / 해답	과부족 없음	부족	과잉
1개	㉮	㉱	㉴
다양	㉯	㉲	㉵
없음	㉰	㉳	㉶

이 표를 보아도 알 수 있는 것과 같이 평소에 교실에서 많이 다루는 수학 문제는 ㉮의 문제이다. 즉, 조건에서 과부족이 없고, 해답이 반드시 1개로 정해진 것이다.

교과서의 문제도 대부분이 이런 것이다. 학생들은 항상 정확하게 구성된 이와 같은 문제를 계속해서 풀게 되어 있다. 이렇게 하는 학생의 장래는 어떻게 될까?

항상 잘 정비된 문제가 제시되고, 거기에 정해진 수순이 준비되어 있지 않으면 문제를 풀 수 없다고 하는 인간이 되어버릴 것 같다.

교과서에서 다루지 않는 문제를 학생에게 제공한다

더욱, 이 표의 ㉯에서 ㉮와 같은, 조건이 부족한 문제를 학생에게 제공하여 문제 자체를 음미하는 기회를 많이 주는 것이 바람직하다.

학생이 문제를 만들면, 반드시 그와 같은 것이 많이 나타나게 된다. 얼핏 보면 좋은 문제가 아니라고 버려버릴 문제인 것이다.

3 조건이 부족한 문제 예

그러면, 어떤 문제가 조건이 부족한 것인지 구체적인 예로 생각해 보자.

조건의 과부족이 없고 해답은 1개

표 중의 ㉮는 조건이 과부족 없이 해답이 1개인 것으로, 교과서에 많이 보여지는 문제이므로, 여기서는 그것의 예는 생략하고, 이하는 그 외의 예를 들기로 한다.

조건은 과부족이 없고, 해답이 다양

우선 ㉯인데, 과부족이 없이 해답이 다양하게 존재하는 문제이다. 간단한 경우에서 생각하면, ㉮의 역의 문제가 생각된다.

• 덧셈

1학년에서 3+5의 답은 얼마입니까?하고 물으면 정답이 8이 나오고 그것으로 끝난다. 그러나, 역으로, 「8=□+□의 □에 어떤 수가 들어갈까요?」하고 물으면 이 □에 알맞은 것은 1개나 2개가 아니게 된다. 다양하게 생각할 수 있다.

• □ 속은?

또 하나의 예를 제시하자. 1학년의 「100까지의 수」의 학습 중에서 「43은 10이 4개와 1이 □개」라는 것이 있고, 이 □에 알맞은 수를 쓰는 문제이다. 이 □가 3이라고 해결한 후에 이것을 바탕으로 문제를 만들게 하면, 그 중에는 다음과 같은 것이 있다.

「34는 10이 □개와 1이 □개」이다. 얼핏 보면, □ 속은 처음이 3이고, 뒤의 것이 4로 생각할 수 있지만, 이것은 정답 중의 하나로 생각해도 좋다. 이것 외에, 예를 들면, 「34는 10이 [2]개와 1이 [14]개」로 생각하는 학생도 나오는 것이다. 이것도 틀린다고는 할 수 없다. 역으로, 이런 생각이 나오는 두뇌의 유연성을 칭찬하지 않으면 안된다.

왜냐하면, 34를 「30과 4」로 보는 견해 외에, 「20과 14」라는 견해를 할 수 있는 것은 2학년이 되어서 받아내림이 있는 뺄셈을 학습할 때에 중요한 사고 방법이 되기 때문이다.이러한 좋은 점을 교사가 알면서, 학생이 만든 이런 문제를 채택하여 수업을 하면 유효한 것이 되는 것이다.

• $5cm^2$의 모양

고학년의 예로는 4학년의 넓이를 공부할 때, 어떤 모양을 제공하고, 그것은 몇 제곱 센티미터인가하고 묻지만, 학생이 이 문제로부터 유추하여, 그 역으로, 「$5cm^2$가 되는 모양을 여러 가지 만들어 봅시다」하고 발문하면, 그 답은 무한히 만들어 내게 된다. 즉, 여기서는 열린 문제로 되는 것이다.

조건에 과부족이 없고 해답도 없다

다음에 ㈐의 문제를 생각한다. 여기서는 해답이 없는 경우이다. 학생이 그 문제의 답은 없다고 자신있게 대답할 수 있게 된다면 훌륭하다.

• 14÷4

3학년의 예를 2개 든다. 하나는 앞 장에서도 소개한 것 같이 나머지가 있는 나눗셈의 예이다. 최초의 나눗셈 학습은 구구를 알고 있으면 답할 수 있는 수치를 사용하여 도입된다. 「14개의 귤을 2개씩 나누면 몇 사람에게 나눌 수 있을까요?」라는 것이다. 이것을 바탕으로 하여 문제를 만들게 하면, 당연히 수치를 바꾸어 만드는 학생이 많이 있다. 귤을 「4개씩 나눈다」로 바꾸는 것만으로 14÷4의 식이 세워진다.

이것을 어떻게 답할지는 하나의 큰 문제로 된다. 학생으로서는 답이 없는 나눗셈이다. 그러나 조건으로는 과부족이 없다.

실제에서는 거기에 어떻게 답을 표현할지를 탐구하게 하면 좋다. 그 후에, 나머지를 덧붙여서 쓴다고 하는 약속을 해 두면 되는 것이다. 고학년이 되어, 소수, 분수를 학습할 때까지의 임시적인 형태로 하는 것이다.

또, 학생은 다음과 같은 문제를 많이 만든다. 「500원으로 쵸코렛 7개를 샀습니다. 1개에 얼마일까요? 」

• 쵸코렛은 얼마?

이 문제는 수학적인 상황으로는 생각할 수 있지만, 타당성이 없는 것이다. 이와 같은 문제도 학생들에게 소개하여 음미하는 대상으로 할 수 있다. 어떤 학생은 쵸코렛의 개수를 500을 나눌 수 있는 수치로 고치려고 한다. 또 다른 학생은「1개 얼마일까요?」라고 하는 답을 구하는 것을 없애고 문제에 다른 것을 덧붙여서, 이렇게 만들어진 문제의 뒤에「실제의 쵸코렛은 1개 80원입니다. 몇 개까지 받았을까요?」로 한다.

실제로 학생들의 풍부한 생각을 창출케 하는 것이다. 문제 만들기 활동다운 수업이 된다.

조건은 부족하고 해답은 1개

그러면, ㉣는 어떠할까?

조건이 부족하고, 그러나 해답이 1개 있는 문제이다. 이것을 역으로 생각하면, 해답이 1개로 정해지는 데에는 조건이 부족하지 않다는 것이 되므로 부족하다고 하는 것은 모순이다. 그러므로, 이것에 해당하는 문제는 생각할 수 없다.

조건 부족으로 해답을 정할 수 없다

㉤에 대해서 생각한다. 이것은 조건이 부족하며 해답이 1개로 정해지지 않는 경우이다.

5학년의 예를 제시한다. 합동인 도형을 학습하는 중에, 합동인 4각형을 그리는 문제를 스스로 만드는 상황에서는「이것과 합동인 4각형을 그리세요」로 하여, 다음과 같은 왼쪽 그림을 제시하는 경우가 있다.

이것은 얼핏 보면 합동인 4각형을 그릴 수 있을 것 같지만, 잘 생각하면, 그의 오른쪽 도형과 같이, 또 하나의 다른 도형도 그려버린다. 이것도 조건을 만족하고 있는 것이다. 만약, 길이나 각을 전화로 알리려고 하는 상황을 상정해 보면, 어느 쪽도 조건대로라는 것을 잘 알 수 있다.

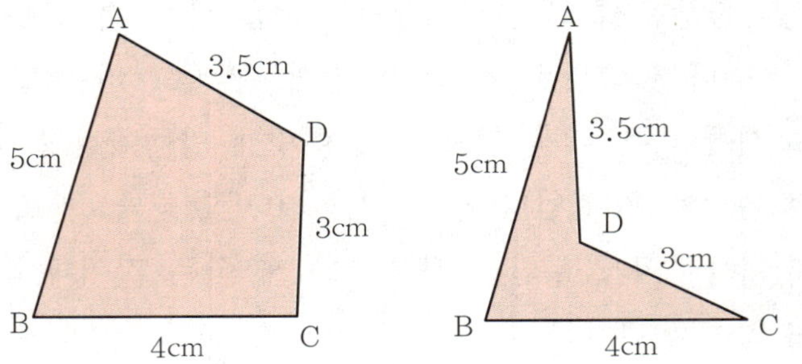

이것은 조건의 부족이며, 그렇더라도 조건이 과잉되기도 하여 2가지 도형을 그려버리는 전형적인 것이다.

1학년의 예에서도 이와 같은 것은 있다. 수계열의 학습상황에서, 다음과 같은 수계열을 제시하고 「보이지 않는 수를 말합시다」라고 발문한다.

• 몇을 뛴 수

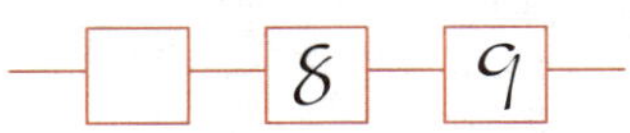

이 문제와 닮은 문제를 스스로 만드는 상황에서, 간단히, 이 중에서 9라는 수를 없애버린다고 하자. 그러면, 상황은 다음과 같이 된다.

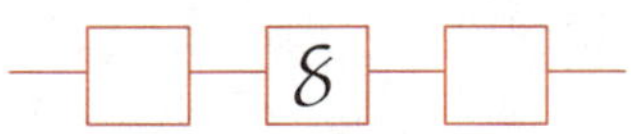

처음의 문제에서는 보이지 않는 수는 「7」이었지만, 후자에서 만들어진 문제에는 보이지 않는 수는 여러 가지가 된다. 차가 1로 한정되지 않으므로, 2건너 뛰기로 생각하면, 6과 10이 된다. 이런 문제도 조건을 하나 없애는 것만으로, 답이 다양하게 되는 경우의 예가 된다.

조건이 부족하고 해답이 없다

그런데, 앞 표의 ㉥에서는 조건이 부족하기 때문에 해답이 없는 문제이다.

이 경우, 해답이 없다고 하는 것보다 답할 수 없는 문제 쪽을 학생은 많이 만들게 된다. 예를 들면, 4학년의 예로 다음과 같은 것이 있다.

• 풀칠하는 부분

「여름 방학 숙제 작품전에 출품하기 위해 철수는 누에를 관찰하였다. 그것을 정리할 때, 세로 25cm, 가로 17cm의 종이에 기록하고, 가로로 이어갔다. 종이 23장을 이으면 가로의 길이는 전부 몇 cm일까요?」

이런 문제를 소개하면, 곧바로 다른 학생으로부터 「풀을 붙이는 길이를 생각하지 않으면 풀 수 없어요」「풀을 붙이지 않을 경우도 있어요. 테이프로 붙이면 겹치지 않아요」「풀을 붙이는 길이는 항상 같다고 할 수 없어요」 등의 소리가 나온다.

그래서, 이 문제를 만든 학생은 「풀을 붙이는 길이를 항상 2cm로 하여, 23장으로는 가로의 길이가 모두 합해서 몇 cm일까요?」로 수정하고, 조건 부족을 보충하여 이 문제를 살리려고 한다.

저학년의 문제 만들기 예에서는 이와 같은 것이 역시 많다. 선생은 주의하여 보지 않으면 안 된다.

• 시간

2학년의 「시계 보는 법」 중에 다음과 같은 것이 있다. 「저녁 뉴스는 7시 28분까지 합니다. 몇 분간 합니까?」

이것은 만든 본인의 머릿속에는 뉴스를 시작하는 시각이 있으므로, 7시에 시작하는 것이 당연하다고 생각하고 있다. 그러나, 문제를 읽어 보면 답할 수 있는 문제로는 성립되고 있지 않다. 이대로는 답할 수 없다.

이 문제를 만든 학생에게 처음의 문제를 보이고, 이 학생에게 무언가 빠져 있지 않은가를 검토하게 하면 좋을 것이다.

처음의 문제는 「어린이날 집회를 시작한 것은 8시 30분이고, 끝난 것은 8시 50분이었다. 집회를 하고 있었는 것은 몇 분간이었을까요?」라고 하는 것이다.

조건 과잉이라도 해답은 1개

다음에, ㉳는 조건 과잉이라도 해답이 1개 있는 문제. 즉, 해답에는 관계가 없는 조건이 포함되어 있는 문제이다.

이와 같은 문제는 학생들이 잘 만든다. 그것은 학생이 일상의 상황을 항상 의식하고, 수학의 장으로 문제를 가져 오지만, 답을 구하는 것에는 불필요한 것을 세련시키지 못하기 때문이다.

답을 낸 후에, 그것을 위해 필요하지 않는 것을 음미하게 하면, 그것을 잘 알 수 있다.

「100을 8개, 10을 4개, 1을 6개 합한 수는 얼마입니까?」라는 것은 2학년에 많이 있는 문제이다.

이것을 바탕으로 하여, 구체적인 상황을 생각한 학생다운 문제가 있다.

• 우표는 몇 장?

「40원짜리 우표가 300장, 50원짜리 우표가 20장, 100원짜리 우표가 7장 있습니다. 합하여 몇 장입니까?」하는 것이다. 장 수를 문제로 하고 있는 것이다. 이 경우, 실질적으로는 얼마의 우표라고 하는 가격은 직접 답과는 관계가 없다. 그러나, 답을 구하는 부분이 만약 「합하여 몇 원입니까?」가 되면, 이 우표의 단가는 필요하게 된다.

고학년에서는 선생도 틀려버리는 예도 나온다. 다음 그림에 있는 것과 같이, 운동장의 트랙을 사용한 문제이다. 「한 바퀴 달릴 때의 바깥 선과 안쪽 선은 길이가 얼마만큼 다릅니까?」라는 것이다. 주어져 있는 것은그림에서의 길이이다.

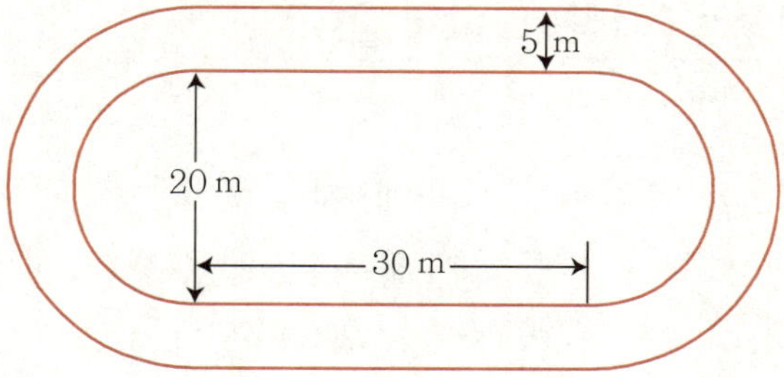

이것은 식을 공부할 때 많이 사용된다.

실제로는 이들의 조건을 사용하면서 계산하고 조사하면서, 최후에는 필요한 조건은 코스의 폭만큼이라는 것을 깨닫게 되는 것이다. 왜냐하면,

• **트랙의 길이**

바깥선 $30\times2+(20+5\times2)\times3.14$

안쪽선 $30\times2+20\times3.14$ 이다.

양쪽 식을 잘 비교해 보면, 차이는 $5\times2\times3.14$, 즉, 코스의 폭을 반지름으로 하는 하나의 원둘레 길이만큼 바깥쪽이 길게 되는 것이다. 그것을 알고 있으면, 이 문제에는 과잉 조건이 있는 것이 된다.

조건 과잉으로 해답이 다양

다음에, ㉳에 대해서 인데, 이것은 조건 과잉이 되지만, 따라서 해답이 다양하게 되는 문제이다. 그러나, 이것은 생각하기 어렵다. 왜냐하면, 어떤 조건을 위하여 해답에 다양성이 생기면 그 조건은 필요하기 때문이다.

그러므로, 여기서는 표 속의 ㉳의 부분에 해당하는 문제는 없는 것으로 한다.

조건 과잉으로 해답이 없게 된다

맨 마지막으로 ㉶의 조건과잉 때문에 해답이 없는 문제이다. 앞 장에서도 소개한 1학년이 만든 문제 예를 1개 소개한다. 뺄셈의 비교의 문제로, 처음의 문제는「빨간 꽃이 6송이 있습니다. 노란 꽃이 4송이 있습니다. 꽃 송이 수의 차이는 몇 송이입니까?」라는 문제를 흉내내어 만든 것이다.

• 차이는 얼마?

「빨간 꽃이 6송이 있습니다. 노란꽃이 4송이 있습니다. 보라색 꽃이 3송이 있습니다. 꽃송이의 수의 차이는 몇 송이입니까?」라는 것이다.

이것은 조건을 한 가지 많게 하였으므로, 차의 의미를 알 수 없게 된 것이다.

이들을 수업 중에 소개하면,「차이」라고 하는 것은 2가지의 것을 비교할 때에 생각하는 것이라고 하는 것을 새삼스럽게 학습할 수 있게 된다.

이제까지는 교사의 쪽에서도 세련된 문제만을 생각하고 있었기 때문에 학생이「차이」를 생각할 때, 2가지의 것으로 하고 있는 것은 당연하다고 생각하고 있다. 거기에 이런 문제가 출현하면, 깜짝 놀라게 될 수 있는 것이다.

이상에서 구체적인 문제예를 제시하였지만, 요는 이와 같은 문제를 학생에게 제시함으로써 지금까지 의식하지 못했던 수학의 여러 가지 문제가 표면으로 떠올라 와서, 학생에게 큰 문제가 되고, 폭넓은 학습이 가능하게 되는 것을 강조하고 싶었던 것이다.

4 조건을 갖추지 못한 문제를 생각하게 하는 좋은 점

조건을 갖추지 못한 문제에도 장점이 있다

끝으로, 여기에 들고 있는 조건이 갖추어지지 않은 문제를 채택하여, 학생에게 음미하게 하는 좋은 점을 정리하기로 한다.

① 평소에 주어지는 수학 문제에는 깨닫지 못한 수치에 대한 음미가 가능하다. 교과서의 문제에는 꽤 의도적으로 조직된 수치가 사용되어져 있다는 것을 알게 되는 것이다.

② 현실 세계의 문제를 이상화 하여 수학의 문제로 생각하려고 하는 의식이 학생에게 생겨나게 된다.

③ 해답이 하나로 정할 수 없는 문제의 검토에는 경우를 나누어서 생각하려고 하는 태도가 생겨나게 된다.

④ 수학 문제에는 정답이 다양하게 나오는 경우도 있고, 해답이 없는 경우도 있다는 것을 알게 된다.
이런 경우는 없는 이유를 말하지 않으면 안되므로, 그러한 생각도 깊게 할 수 있다.

⑤ 수업에 참가하는 태도면으로는 문제의식이 지속되는 것을 들 수 있다. 또한 문제를 음미함으로써, 그의 해결을 위한 힌트를 얻을 수 있는 것도 들 수 있다. 더욱이, 무엇보다도 스스로 문제를 변경하거나, 타인으로부터 수정되거나 하기 때문에, 관심이 깊어지고, 평소에 활약하지 않던 학생도 활약의 기회를 갖게 된다.

이상과 같은 장점이 발견될 수 있는 것이, 이러한 조건이 갖추어지지 않은 문제에 관한 학습에는 존재한다. 문제 만들기 학습에 있어서 못보고 넘기기 쉬운 일면이다.

4 1학년의 사례

덧셈

모두 얼마나 되었을까?
— 식의 의미를 생각한다

1 이 수업을 실천하기 위하여

1) 본 시에 관련한 단원의 목표와 지도 계획

이 시간에 다루는 것은 1학년 1학기의 것이다. 「덧셈」의 단원 중에서 학습되는 것이다. 따라서 이 단원의 목표를 다음과 같이 생각하면 좋다.

지도목표

덧셈의 상황을 이해하고, 받아 올림이 없는 1자리수 끼리의 계산을 할 수 있을 것.
또, 덧셈의 상황을 바탕으로 하여, 스스로 문제를 만들 수 있을 것이 단원의 지도 계획은 다음과 같이 할 수 있다.

지도계획

1차: ○ 증가 상황의 이해와 덧셈의 식 세우기 및 문제 만들기(본 시)
○ 만들어진 문제의 음미
○ 합병 상황의 이해와 덧셈에 관한 확장

2차: ○ 덧셈의 계산 연습
○ 학생이 만든 문제에 대한 문제해결

2) 본 시의 목표와 유의점

본 시의 목표

덧셈의 문제를 구성하고, 그것을 풀 것. 또한 그것을 바탕으로 하여, 더욱 스스로 상황을 확장하여 생각할 수 있게 할 것.

• 유의점

수업 중에는 가능한 한 아동이 말하고 싶은 것을 들어주고, 친구가 생각하는 좋은 점을 칭찬해 줄 수 있는 분위기를 만드는 것이 중요하다.

2 이 수업의 전개

1) 「3 + 2 = 5로 씁니다」의 문제점

1학년 1학기에는 어디라도 「덧셈」 공부가 있다.

예를 들면, 다음과 같은 그림을 보이고, 교사가 이야기를 보충하면서 발문한다.

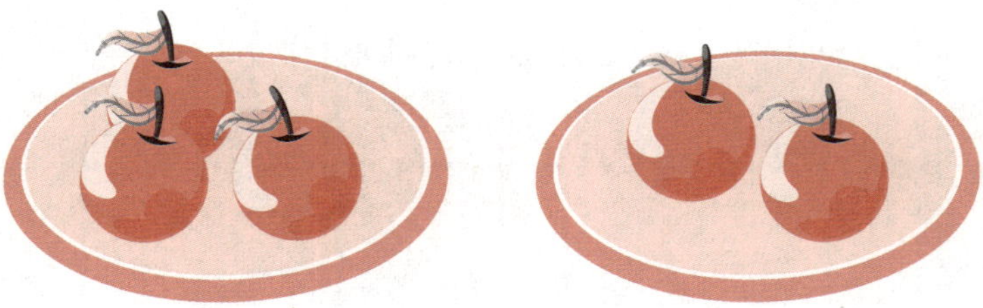

「쟁반에 사과가 3개가 있습니다. 다른 쟁반에는 2개가 있습니다. 사과는 합해서 몇 개입니까」하고.

그리고, 학생이 「5개입니다」라고 말하면, 「그렇습니다. 이것을 3+2=5로 씁니다.」하고 가르칩니다.

• 일방적으로 가르쳐서는 의미가 없다

이렇게 하면, 학생은 「+」는 「더하다」, 「=」는 「는」이라는 글자 대신의 표기로 믿어버린다. 거기에는 식으로 나타낸 좋은 점도 기호의 의미도 아무것도 느끼지 못한다. 심한 경우에는 「=」의 표시가 국어의 작문 속에 등장하게 된다. 「나=오늘 소풍을 갔습니다」라는 형태이다.

그래서, 하나의 연구를 하였다.

앞의 사과 쟁반의 쟁반 그림만 복사하여 나누어 준다. 거기에 색연필로 사과 그림을 그려 넣게 하는 것이다. 이 시기의 학생은 종이에 그림 그리는 것을 매우 좋아하므로, 이것을 이용하는 것이다.

• 그림 그리는 시합

즉, 사과 그림 그리기 시합을 하는 것으로, 더욱이 그것을 2번 하여, 그 기록을 말이 아닌 식으로 나타내게 하는 것이다. 거기에 식의 좋은 점을 느끼는 상황을 만들 수 있다.

2) 사과는 몇 개 그릴 수 있을까?

그러면, 도입이다.

「오늘은 그림을 그리면서 공부합시다.」로 시작한다. 갑자기, 「와아, 기뻐요」하고 소리친다. 「선생님이 쟁반 그림을 인쇄해 왔습니다. 그것을 모두에게 주면서 여기에 그림을 그리세요. 무슨 그림을 그리고 싶지요?」

쟁반에 대한 상상이 있으므로, 예상대로, 「사과가 좋아」, 「귤이다」,「바나나가 좋아」 등이 나온다. 그래서 가장 소리가 많은 「사과」를 채택한다. 거기에서 교사는 한 두개의 견본을 그려서 보이면 효과적이다.

• 사과를 몇 개 그릴 수 있을까?

「그러면, 이 쟁반 위에 사과 그림을 그립시다. 선생님이 그만 할 때까지 그립니다.」 이렇게 말하고, 「시작」하고 신호를 한다.

• 1회째의 그림을 그린다

학생들은 열심히 그리기 시작한다. 어떤 학생은 신중하게, 또 어떤 학생은 재빨리 그려 간다.

이 때, 교사는 교실을 순회하면서 관찰하고, 전원이 2~3개 그렸을 때 「그만」하고 그리는 것을 멈추게 한다. 한 사람 한사람이 그린 사과의 개수가 다른 것이 요점이다. 일부러 전원이 같은 수가 되지 않게 하는 것이다. 「몇 개 그렸습니까?」하고 물으면, 「3개」, 「4개」, 「6개나 그렸다」하고 각각 말한다.

• 2번째 그림을 그린다

교사는 조금 연기를 하여, 다음과 같이 말한다. 「그런가, 조금 너무 빨리 그만하라고 했나?! 아직, 비어있는 쟁반이 있으니까 한번 더 그려요, 좀 더 많이 그려요. 그러면, 한번 더 시작」

학생들이 그리면, 이번은 주의 깊게 보면서 순회하고, 많이 그린 학생이 10개를 넘지 않은 정도에서 다시, 「그만」하고 멈추게 한다.

• 몇 개

「모두 몇 개가 되었습니까?」하고 묻는다. 그러면, 「5개다」 든가 「9개 그렸다」든가 말한다. 거기서, 모두 각각 다르다는 것을 확인하고, 사과의 수를 그림 밑에 쓰게 한다.

예를 들면, 옆의 그림으로 되었을 경우에, 그림 밑에 「5」로 쓰게 하는 것이다.

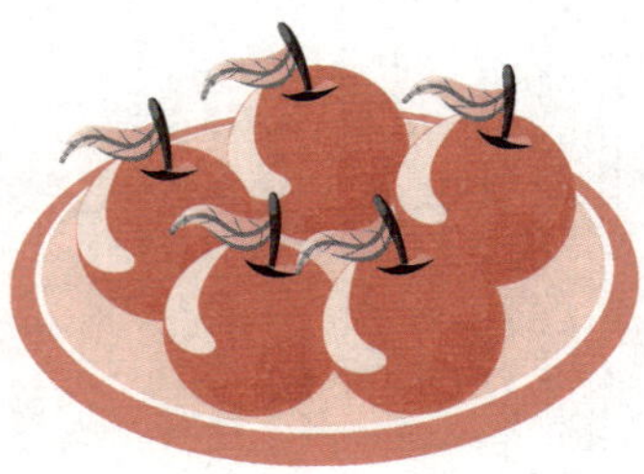

3) 처음과 그 다음을 합해 몇 개가 되었나?

그러는 중에, 학생들 중에서 다음과 같이 말하는 소리가 들리면 끝난 것이다.

「나는 처음에 천천히 그렸으므로 그다지 많지 않다.」, 「나는 많이 그렸어.」 등이다. 이와 같은 수근대는 소리가 없더라도 다음과 같이 발문하면 된다.

• 처음 것과 다음의 수를 알 수 있게 하고 싶다

「처음에 그릴 때는 몇 개 있었고, 다음에 그릴 때는 몇 개였는지를 이 것만으로는 알 수 없구나. 그것을 알 수 있게 해 두고 싶지만, 어떻게 하면 좋을까?」

4) 식을 유도한다

학생들은 다양한 발상을 하게 된다.

• 우선, 말을 써 본다

「처음에 3개, 다음에 2개」, 「3개 그리고 나서 2개 그렸다」 발표된 것을 2개, 3개 흑판에 써 준다.

「어쩐지 글자가 많아서 큰 일이다. 좀 더 좋은 방법은 없을까?」하고 말하면, 또 생각하게 된다.

• 곰곰히 생각한다

「3과 2로 쓰면 되요」, 「그래, 그것이 좋구나」하고 칭찬하고, 판서한다.

• 기호를 사용하여

여기까지 오면, 이제 기호를 가르쳐 준다.

「3과 2로 5가 되었지요. 이런 생각이면 잘 알 수 있네요. 모두 잘 생각해 주었습니다. 이것을 기호를 사용하여 약속해 두면, 이제부터도 편리하므로, 기호를 정하여 둡시다.」하고 말하며, 다음과 같은 순서로 식을 지도한다. 「=」는 어디까지나 5가 어떤 조작을 한 결과 그렇게 되었는지를 나타내는 기호로 가르친다. 극단적으로 말하면, 기호를 나타내자마자 바로 읽는 법을 가르치지 않아도 좋다.

5

↓

3 과 2 5
3 + 2 5

↓

3 과 2 는 5
3 + 2 = 5

그리고, 이런 결과가 된 것을 대체하여 문장으로도 나타내두면 좋다. 후의 문제 만들기에도 사용할 수 있다.

5) 문제상황의 확인

「그러면, 이것을 정리하여 써 둡시다.」하고 말하며, 천천히 다음과 같이 판서한다. 학생과 함께 인쇄물에 쓰는 것이다.

• 문제를 정리한다

「사과가 처음에 (   )개 다음에 (   )개, 모두 합하여 몇 개입니까?」

여기에 (   )가 나타내는 것은 각자가 다른 개수를 그림 속에 가지고 있기 때문이다. 물론 앞의 식화할 때는 누군가의 것을 대표로 채택하여 지도한 것이다.

수업을 여기서 끝내서는 안 된다. 이제부터 앞으로가 더 중요하다.

6) 문제를 스스로 만든다

「그러면, 한 장 더 종이를 줄테니까 이번에는 좋아하는 것을 그려봅시다. 역시 선생님은 첫 번째와 두 번째를 구분하여 써서 받으려고 생각합니다. 이번에는 모두 무엇을 그리고 싶은지요?」

• 좋아하는 것을 그린다

이렇게 말하면, 학생들은 여러 가지로 이야기를 한다. 이것이 또한 다른 학생에게도 힌트가 된다. 예를 들면, 「나는 감귤로 한다」, 「바나나가 좋지」, 「수박이 좋아」, 처음에는 과일뿐이다. 그래서, 「선생님은 종이를 나누어 주는데, 쟁반 그림이 있는 것과 단지 백지 중에 어느쪽이 좋을까?」라고 물으면, 질문이 많이 나온다.

• 과일 그림에서 일보 전진한다

「선생님, 과일이 아니라도 됩니까?」, 「그래, 좋아요.」, 「그렇다면, 나는 호랑이가 좋아.」 등으로 가장 좋아하는 그림이 계속 나온다.

거기서, 사과를 그릴 때와 같이, 시간을 구분하여 2회로 나누어 그림 그리기 시합을 한다. 이럴 경우, 학급의 상황에 따라서 시계가 긴 침이 4에서 5까지라든지 5에서 6까지 등과 같이 약속해 주는 것도 좋다. 즐거운 그림 그리기 시간같이 된다.

그기에서, 약속 시간이 되면, 학생 몇 명에게 발표시킨다. 그린 것을 깨끗이 오려내어 주기라도 하면, 학생들은 대단히 기뻐하게 된다.

이렇게 발표시키면서, 만약 틀린 곳이 있으면, 모두 함께 고쳐주는 것이다.

그것이 하나의 학습이 되는 것이다.

• 학생이 만든 문제의 발표

물고기가 처음에 3마리
다음에 5마리
합하여 몇 마리입니까? → 3 + 5 = 8

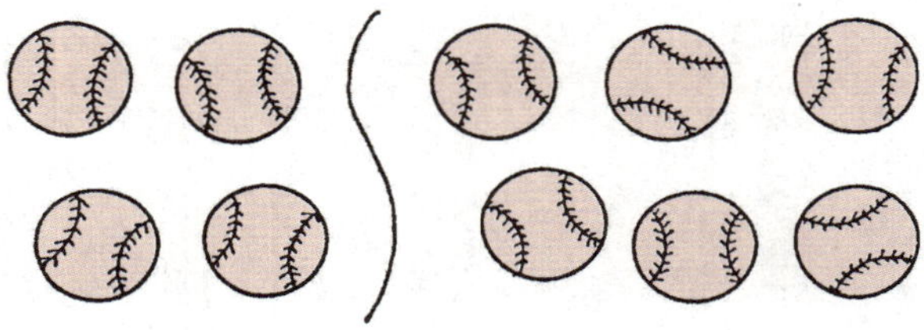

공이 처음에 4개
다음에 6개
전부 합하면 몇 개입니까? → 4 + 6 = 10

예를 들면, 생선의 문제에서, 사과 문제에서 정리된 문장을 흉내내었기 때문에, 「처음에 3개, 그 다음에 5개, 모두 몇 개입니까?」로 썼다면, 이것은 어딘가 이상하게 된다. 생선은 「개」가 아니라 「마리」로 센다고 하고 여러 가지 단위를 부르는 이름을 가르쳐 주게 된다.

3 이 수업에서의 문제 만들기

1) 입문기에서의 수업

1학년에서 처음부터 세련된 문장제를 제출하여 이것을 바탕으로 하여 문제를 만들어 보자고 하는 것은 매우 어렵다.

• 식의 좋은 점을 느끼게 한다

거기서, 구체적인 작업을 하는 중에 각각이 다른 상황을 즐기면서 만들어 가는 것에 의의가 있다고 생각한다.

그 중에서도 계산을 시작하는 상황에서, 식을 학생에게 어떻게 인상지울 것인가가 중요한 내용이 된다. 단지 그렇게 쓰라고 하니까 쓰는 것은 의미가 없다.

다시 말하자면, 사물이 증가해 가는 상황에서, 예를 들면, 물건 3개에 2개가 덧붙여질 때, 그 조작을 「+」의 기호로, 그 결과를 「=」의 기호로 연결지어서 간결하게 나타내는 것에 식의 장점이 있다.

이것을 그림을 그리는 조작 중에, 글로 쓰는 것보다 훨씬 간단히 쓸 수 있는 표기라는 것으로 취급한 것이다.

학생들은 매우 즐거워하며 그림을 그리면서 학습하였다. 수업의 끝 무렵 「선생님, 수학은 언제해요?」라고 말하는 학생도 있을 정도다. 학생의 생각에서 일찍이 우러나고 있는 수학 수업의 딱딱함을 깨트리려고 하는 시도이기도 하다.

• 열린 수업

학생 각자가 사과 그림을 그릴 때에도 옆의 학생과는 개수가 다르며, 다음에 스스로 다시 한 번 다른 그림을 그릴 때에도 옆 학생과는 다른 것이다. 처음부터 끝까지 열린 수업이 되는 것이다.

1학년의 초기 단계에서 이와 같은 것이 있을 수 있다는 것을 명심하고 있으면, 학생이 자신의 생각을 옆이나 주위의 학생에게 좌우되지 않고 말할 수 있게 된다.

2) 자기의 문제로

사과 문제의 다음은 같은 것을 흉내내어, 이번에는 스스로 좋아하는 다른 그림을 그리는 시합을 해 본다. 거기에 개인의 독자성이 나타난다.

이것은 바꾸어 말하면, 이 책에서 말하는 문제 만들기인 것이다. 「3+2의 문제를 만드세요」도 아니며, 「덧셈 이야기를 만드세요」도 아니다.

• 스스로 만든다

앞의 게임을 바탕으로 하여, 이번에는 스스로 독자적으로 해 보라고 하는 것이다. 사과는 생선으로 바뀌고, 개수도 다른 것으로 된다.

이런 것에 의해, 학생은 덧셈은 증가한다고 하는 상황으로 사용되고, 사과만이 아니라, 어떤 것이라도 괜찮으며, 생선을 셀 때는 몇 개라고 말하지 않고 몇 마리로 센다는 것을 학습하게 된다.

• 덧셈의 상황을 일반화

교사가 일방적으로 가르치는 것이 아니라, 학생 자신이 만든 것을 바탕으로 덧셈 상황을 일반화하고, 식에 대한 좋은 점을 서서히 몸에 익히게 된다.

학생 중에는 아무리 지나도 과일에서 벗어나지 못하는 경우도 보인다. 그런 경우에도 다른 학생이 완성한 문제를 보면, 「선생님, 한번 더 고쳐보고 싶다」고 하는 소리가 많이 나온다. 문제가 또 문제를 만들게 하는 힘이 되는 것이다.

• 발전

더욱이, 이 문제는 얼마든지 발전시킬 수 있다.

이 때 바로 하지 않고 다른 날에 하면, 시합을 2회로 끝내지 않고 3회까지 하게 하면, 3개의 수에 대한 덧셈 문제를 만들 수 있고, 답이 10이상이 되는 문제를 만들 수 있으며, 그것을 따로 정리해 두면, 받아올림이 있는 덧셈을 학습할 때에 사용할 수 있다.

빼셈

어느 것이 얼마만큼 많은가?
— 비교를 제거로 귀착시킨다

1 이 수업을 실천하기 위하여

1) 본 시간과 관련한 단원의 목표와 지도계획

일반적으로는 「덧셈과 뺄셈」이라고 하는 단원으로 구성되어 있지만, 여기서는 「뺄셈」을 소단원으로 하여 독립하여 언급한다.

단원의 목표를 다음과 같이 한다.

지도목표

뺄셈의 상황을 이해하고, 받아 내림이 없는 1자리 수끼리의 계산을 할 수 있을 것. 특히, 제거와 비교의 상황을 종합적으로 다루고, 문제 만들기 활동을 도입하여, 이해를 깊게 할 것.

지도 계획은 다음과 같다.

지도계획

1차: ○ 제거 상황의 이해와 뺄셈의 형식
○ 비교 상황의 이해와 문제 만들기를 통한 뺄셈 상황의 확장 (본 시간)

2차: ○ 학생이 만든 문제를 사용한 뺄셈의 문제해결
○ 뺄셈의 계산 연습

2) 본 시간의 목표와 유의점

본 시의 목표

「차이」를 구하는 경우도 「나머지」를 구하는 경우도 같은 조작으로 종합해서 보일 수 있는 것을 깨닫는 것.
또한, 차이를 구하는 경우의 뺄셈을 바탕으로 하여 문제를 만들 수 있을 것.

• 유의점

1학년 학생은 문장화하는 것이 아직 어려운 경우도 많으므로, 그림을 그리게 하면서 받아쓰기와 같이 하는 것도 중요하다.

2 이 수업의 전개

1) 시간을 대표하는 동물 그림을 사용하여

「여러분에게 나누어 준 프린트에는 무엇이 그려져 있습니까?」
「호랑이」, 「돼지」

• 학생들이 좋아하는 재료를 제공한다

금방 원기 왕성한 소리가 터져 나온다.
텔레비전에서 하고 있는 만화의 캐릭터를 사용하여 수업을 시작한다.

그림과 같이 원의 속에는 호랑이, 세모 속에는 돼지 그림을 그려 둔다.
「그러면, 2사람의 카드 중에는 어느 쪽이 얼마만큼 많은가요?」
처음의 발문이다. 흑판에는 앞의 프린트와 같은 것을 카드로 하여 크게 한 것을 같은 수만큼 붙이고, 학생들에게 나중에 조작하기 쉽게 해 둔다.
「지금까지 공부해 온 계산도 상기하여 닮은 곳이 있으면 그것을 생각해 보아도 좋습니다.」하고 보충적인 발문도 준비한다.

• 여러가지 방법을 보면서 돌아 본다

각자 깊이 생각하여 어느 쪽이 얼마나 많은지 조사하기 시작한다. 교실을 순회하며 돌아본다.

많은 학생들이 앞서 제시한 그림을 사용하여, 호랑이만을 「1, 2, 3 … 8」, 다음에 돼지만을 「1, 2, 3 … 6」으로 세어서, 「호랑이가 2 많다」고 하고 있다.

다음과 같이, 그림에 한 쌍씩 선을 그어 조사하는 학생도 많았다.

「호랑이가 2개 남았다」라고 말하고 있다.

그 중에는 뺄셈 식을 밑에 쓰는 학생도 있었다.

「8−6」, 「8−6=2」, 「6−8=2」 등이다.

이와 같은 여러 가지 방법을 교사는 발견해 두고, 나중에 각각을 발표하게 하는 것으로 한다.

2) 1대1 대응 조작을 생각해 낸다

「그러면, 몇 사람 생각해 본 것을 말해 보세요. 다른 학생은 그것을 듣고 자신과 같은지 어디가 다른지를 확인해 보세요.」

그렇게 말하고, 미리 발견해 둔 몇 가지 다른 방법으로 한 학생을 지명한다.

「호랑이가 8마리, 돼지가 6마리이므로, 호랑이가 2마리 많습니다.」「나는 선으로 연결하였다. 그렇게 하니까 호랑이가 2마리 연결할 수 없었다. 그러므로 2마리 많은 것으로 되었다.」

이런 학생에게는 반드시 앞에 나와서 흑판에 있는 카드로 그것을 설명하게 한다. 분필을 사용하여 하나 하나를 선으로 잘 연결해 준다.

• 1대1 대응으로 나머지를 센다

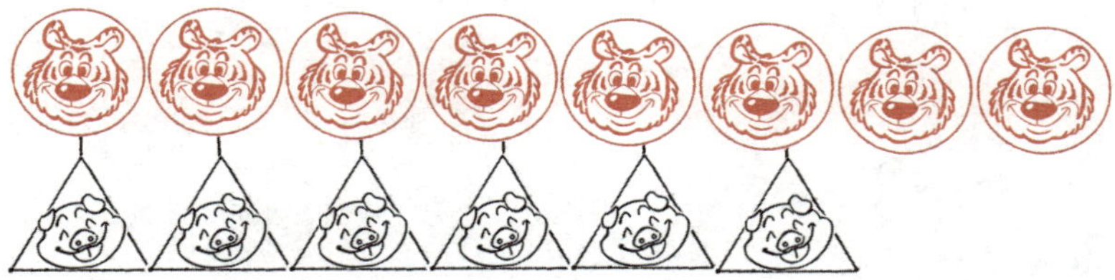

그것을 보고 있던 다른 학생들 중에는 반드시 1학년 초에 한 1대1대응의 조작을 상기하는 학생이 나온다. 즉, 카드를 다시 정렬하는 것이다.

「선생님, 이런 식으로 정렬하면 2개 많은 것을 알 수 있어요.」라고 실제로 해 보인다.

• 차이를 보기 쉽게 하기 위해 겹쳐 본다

교사는 이런 조작을 보조하여, 일렬로 펼쳐진 카드를 겹쳐쌓아도 좋아요. 적은 쪽을 많은 쪽의 위에 얹어 놓는 것이다.

즉, 호랑이 카드 1장 위에 돼지 카드 1장을 올려 놓으면, 돼지 카드가 2장 모자라므로, 8에서 6을 뺀 카드 2장만 보이게 된다.

차이를 구하는 8-6의 의미를 나머지를 구하는 8-6과 같게 보여지도록 하는 것이다.

학생들에게는 프린트의 그림 위에 빨강과 파랑의 조약돌을 사용하여 이것과 같은 것을 모두 하게 한다. 조금 번거로운 것 같지만 여기가 중요한 요점이기도 하다.

3) 나머지를 구할 때와 같은 것을 한다

여기서 다음과 같은 발문.

「전 시간에 한 뺄셈 문제와 지금 한 문제와 비교해 봅시다. 어디가 닮아 있고 어디가 다를까요?」라고 말하고, 앞 시간의 문제를 한번 더 보이고 상기하도록 한다.

「오늘의 문제는 호랑이 그림과 돼지 그림이 다릅니다. 전에는 호랑이 뿐이었습니다.」

〈앞 시간의 문제〉

호랑이 카드가 8장 있습니다. 그 중에 6장을 여동생에게 주었습니다.
몇 장 남았습니까?

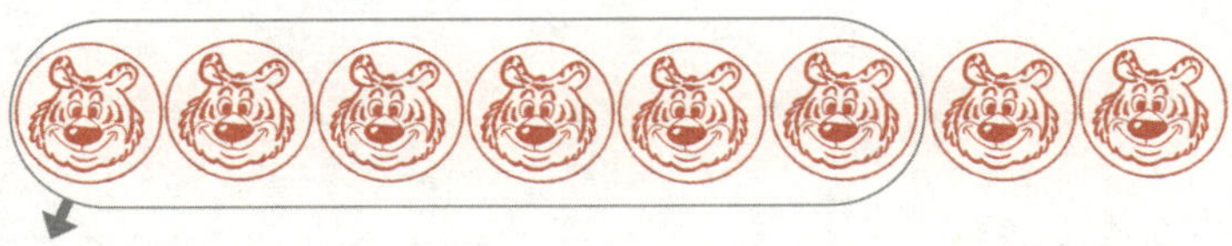

「닮은 것은 호랑이 카드와 돼지카드를 정렬해 보면, 같게 되는 장 수 만큼 빼면, 나머지가 2장일 것이다.」「그렇습니다. 돼지그림 카드만큼 호랑이 카드를 빼고 나머지를 묻는 것이지요. 어느 쪽이 얼마 많은지 물으면, 이렇게 해서 몇 장 남는지 조사하면 됩니다. 그렇게 하면, 앞의 것과 같은 식을 사용할 수 있습니다. 8-6=2로 쓰면 되지요. 이럴 때도 뺄셈을 사용할 수 있습니다.」라고 말하고, 전원에게 식의 지도도 해 둔다.

4) 문제를 만든다

그런데, 이 시간의 끝무렵에, 이 시간에서 한 문제를 바탕으로 자신의 문제를 만들게 한다. 다음 시간에 그것을 사용하는 것이다.

오늘 한 문제를 한번 더 정리하면서 만들게 한다.

「오늘 한 것은 "호랑이 카드와 돼지 카드로 어느 쪽이 얼마나 많습니까?" 하는 문제였습니다. 나머지를 구할 때와 같이 뺄셈으로 할 수 있었습니다.」 하고 말하면서, "　"의 부분을 판서해 준다. 이렇게 하여 1장의 종이를 나누어 주고, 「이 문제를 흉내내어 스스로 문제를 만들어 보세요.」하고 주문한다.

이렇게 하면, 학생들은 집중하여 즐거워 하면서 그림을 그리기 시작한다. 어떤 그림이라도 괜찮습니까?라는 질문이 반드시 나올 수 있다. 그래도 좋다고 대답해 준다.

문제는 다양하게 나올 수 있다. 우선 만화의 다른 주인공이 많이 나오게 된다. 다음에, 같은 주인공이더라도 개 수가 많거나 적은 것으로 다르게 나온다. 몇 가지 소개해 보자.

• **학생이 만든 문제 예**

① 호랑이 카드와 돼지 카드는 어느 쪽이 얼마나 많을까요?
(개 수를 센 문제)

② 고양이 카드와 생쥐 카드는 어느 쪽이 얼마나 많을까요?

③ 수박과 참외, 오이가 있는데 어느 것이 가장 많을까요?
(비교하는 것이 3종류이다)

④ 도깨비 카드가 5장 있습니다. 2장 주어버렸다. 몇 장 남아있습니까? (제거의 문제)

차를 구하는 문제에서 시작하여, 문제 만들기를 하여도, 위의 예와 같이 한가지로 같게는 되지 않는다. 이것이 좋은 점이다. 다음 시간에는 다시, 나머지를 구하는 문제와 차이를 구하는 문제를 비교하면서, 재확인 하는 것도 중요한 연습이 된다. 이 시점에서 학생들에게 차이, 즉 차를 구하는 경우의 뺄셈을 1시간으로 이해시키는 것은 어렵다. 다음 시간부터는 학생들의 문제를 사용하여 여러번 그것을 확인해 가는 것이다.

만든 문제는 모아서 다음 시간까지 교사는 잘 음미해야 한다.

3 이 수업에서의 문제 만들기

1) 내용의 이해를 깊게 한다

이 수업의 전반은 差를 구하는 경우의 계산이 조작적으로는 나머지를 구하는 경우의 뺄셈으로 귀착될 수 있는 것을 알아차리게 하기 위한 것이었다.

• 수업 후반의 문제 만들기

그것을 깨닫게 한 후에, 이것을 바탕으로 한 문제 만들기 상황을 도입한 것이다.

교사는 처음에 부여한 2종류의 카드의 차를 구하는 상황을 학생 스스로 어떻게 일반화할 수 있을까를 묻는 것이다.

• 사물과 수의 일반화

앞의 항에서 소개한 것과 같이 많은 학생은 처음 카드의 소재를 바꾸고, 또한 카드의 장 수도 바꾸는 것이다. 처음에는 그것으로 충분하다. 그 중의 한 예를 사용하면, 다음 시간에는 충분히 즐거운 수업이 되고, 이 시간의 연습을 할 수 있다.

또한 카드가 아닌 문제를 학생이 썼다면 사물의 일반화도 가능한 것이다.

• 조건이 불비한 문제도 다룬다

더욱이, 학생들 중에는 다음에 제시하는 문제도 만든다. 그것은 나머지를 구하는 문제이든지 또 다른 것으로는 차를 구하는 문제인데도 비교의 대상이 3종류 이상 있는 것이다. 답까지 일부러 써 두면서 4-6=2와 같은 식을 쓰고 있는 학생도 보여진다.

이들 문제는 이 시간 이후에 시간을 보아 다루고, 학급 전체의 문제로 생각하게 해야 할 것이기도 하다. 지도계획에는 연습문제로 사용하면서 학습시키는 것도 좋다.

• 제거와 비교

예를 들면, 나머지를 구하는 문제 등은 이 시간의 수업과 같이 처음 문제와 닮은 곳과 다른 곳을 질문할 수 있다. 그 중에 나머지를 구하는 조작과 차를 구하는 조작이 같다는 것과 나머지를 구하는 경우는 한 가지 사물로, 차를 구하는 경우는 2가지 사물로 비교하고 있는 것을 재확인할 수 있다.

• 차를 구하는 경우

또, 3종류 이상의 사물이 등장하는 경우에 「다른 차이」를 생각하는 문제는 학생 자신 처음 문제에 1종류를 첨가하여 만든 문제로서 간단히 만들고는 있지만, 꽤 어려운 문제가 되어버린다. 앞에 소개한 것으로는 「수박과 참외, 오이가 있는데 어느 것이 가장 많을까요? (비교하는 것이 3종류이다)」이라는 문제이다. 「어느 쪽이 얼마만큼 많을까요?」하고 어미를 쓴 것은 문제를 수정할 필요가 있게 된다.

이런 문제를 사용하여 비교할 때는 2개씩 비교하여 차이를 말하는 것이 중요하다고 하는 것을 학생에게 의식시키는 것이 중요하다.

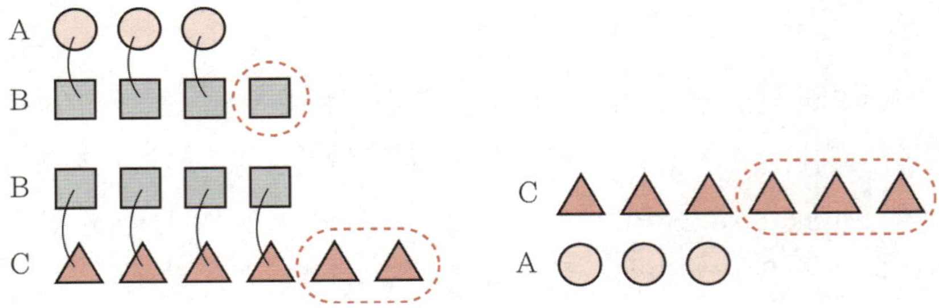

• 불완전한 식

더욱이, 문장의 순서대로 숫자를 사용하는 식이 많이 보여진다. 4−6=2 가 그것이다. 이들은 이 수업에서 한 조작을 반복하여 그 학생의 앞에서 함으로써 적은 것을 위에 겹쳐 놓으면 많은 것에서 적은 것과 같은 수를 빼는 것을 알 수 있고, 6−4=2로 수정할 수 있는 것이다.

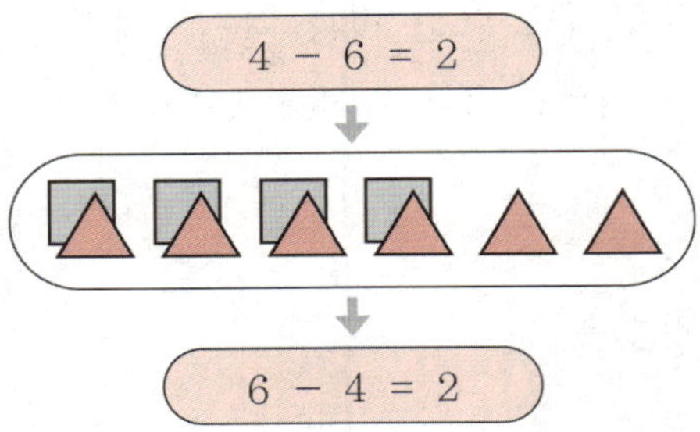

100까지의 수

손에 얼마나 잡았는가?
— 2자리 수의 쓰는 방법을 생각한다

1 이 수업을 실천하기 위하여

1) 이 시간에 관련한 단원의 목표와 지도계획

많은 교과서는 단원명을 「100까지의 수」로 구성하고 있는데, 10진 자리수 기수법의 원리를 다룬다고 생각하면, 100을 조금 넘는 수범위까지 생각하고 다루는 것이 좋다. 0의 의미를 잘 알기 때문이다.

단원의 목표는 다음과 같이 한다.

지도목표

100전후의 수까지 구체물을 통하여 올바르게 세어, 각 자리의 숫자의 의미와 자리수의 원리에 대하여, 스스로 설정한 상황에 따라 깨닫게 할 것. 또한, 수의 대소, 수계열, 구성에 대해서도 이해하게 할 것이 지도를 위한 계획은 다음과 같다.

지도계획

1차: 자리수와 수의 표현 방법에 관한 이해 및 수가 없는 0에 관한 이해 (4시간) (본 시는 제1시간째)

2차: 100에 대한 이해 및 100을 조금 넘는 수에 대한 이해 (2시간)

3차: 수의 대소 비교, 수계열, 2자리수의 구성에 관한 이해 (3시간)

2) 본시의 목표와 유의점

본 시의 목표

시합을 통하여 스스로 문제 상황을 설정하고, 자리수의 원리에 대하여 생각할 수 있게 할 것.

• 유의점

토의할 때에는 수 그 자체가 되는 것보다 수를 어떻게 표현하는가에 대한 특징을 음미할 수 있도록 교사의 도움이 필요하게 된다.

2 이 수업의 전개

1) 우유병 뚜껑을 손에 잡는 시합

1원짜리 동전을 많이 준비하고 그것을 사용하여 시합을 한다.

• 1원짜리 동전을 손에 쥔다

「이제부터 동전을 손에 쥐는 시합을 한다. 한 쪽 손으로 2번 잡아서 누가 많이 쥐었는지를 정한다. 챔피언이 될 수 있도록 가능한 한 많이 쥐세요.」

그림과 같은 상자를 만들어 두고, 그 속에 1원짜리 동전을 많이 넣어 둔다. 학생들은 동전을 쥐는 시합에 몰입한다.

1학년 학생의 손은 작으므로 한 손으로 2번하게 하면, 거의 40-50개 쥐는 것이 보통이다.

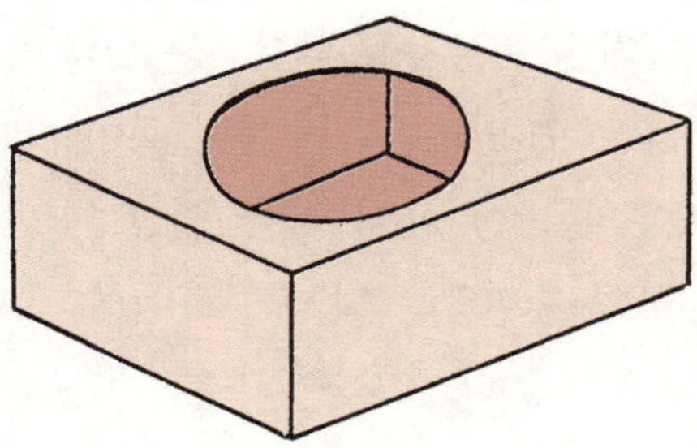

문제는 학생들이 잡은 동전이 몇 개인가를 조사하는 것이다. 발문은 다음과 같다.

• 몇 개인지 알 수 있도록 놓는다

「잡은 동전이 몇 개인지, 누가 보아도 알 수 있도록 놓아 보세요.」

2) 한 사람 한 사람이 다른 문제를 생각한다

이 질문에서 학생은 자기가 잡은 동전을 알기 쉽다고 생각하는 방법으로 나열하게 된다. 1학년 학생에게 있어서 주위의 학생과 다르게 하지 않으면 안된다고 하는 것은 대단히 큰 일이다. 흉내를 낼 수 없는 것이다.

• 場을 설정

이것이 하나의 문제 만들기의 모습이라고 말해도 좋다. 즉, 학생이 자기 스스로 상황을 만든다는 것을 생각하게 하려는 것이다. 또 발문을 계속한다.

• 동전의 수를 알 수 있도록 연구하여 쓰게 한다

「1원짜리 동전은 처음의 상자에 다시 넣습니다만, 동전이 없어져도 몇 개 있었는지 나중에도 알 수 있도록 연구하여 종이에 써서 나타내 보시오.」

학생들은 한 자루의 반이 색이 다른 빨강 파랑색 연필을 가지고 있다. 이 색연필을 사용하여 재미있는 발상으로 여러 가지 궁리를 한다.

• 1개씩 따로따로 놓는 방법

그림(㉮, ㉯)와 같이 1개씩 종이 위에 가득 나열한 학생은 그 하나하나의 동전 밑에 숫자를 써 두고 있다. 이와 같은 학생은 이미 어느 정도의 2자리 수는 쓸 수 있다.

㉮

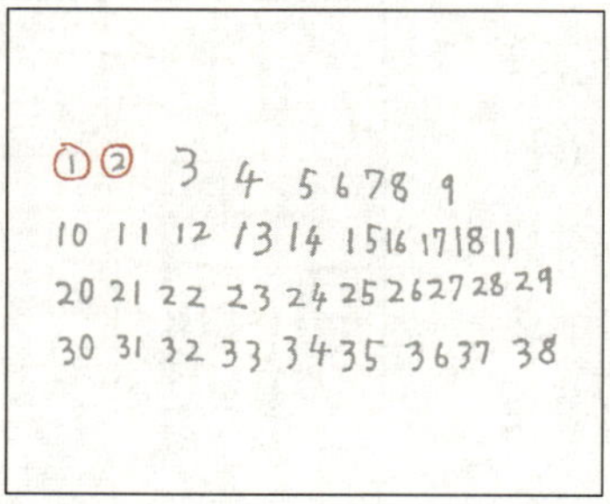

㉯

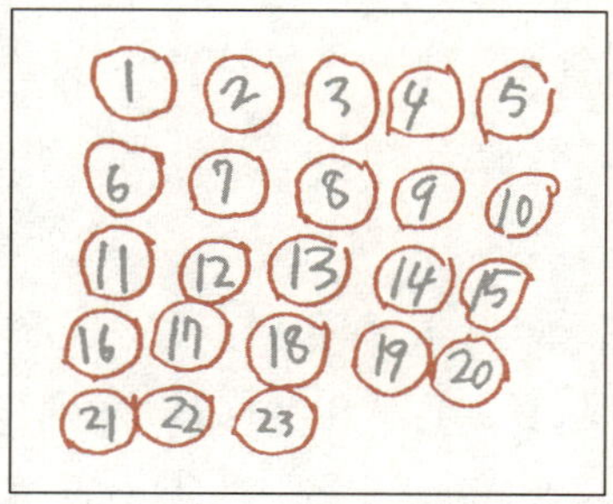

• 합하여 센다

2개씩 (㉰)이나, 5개씩(㉱)을 한꺼번에 세는 학생도 나온다.

㉰

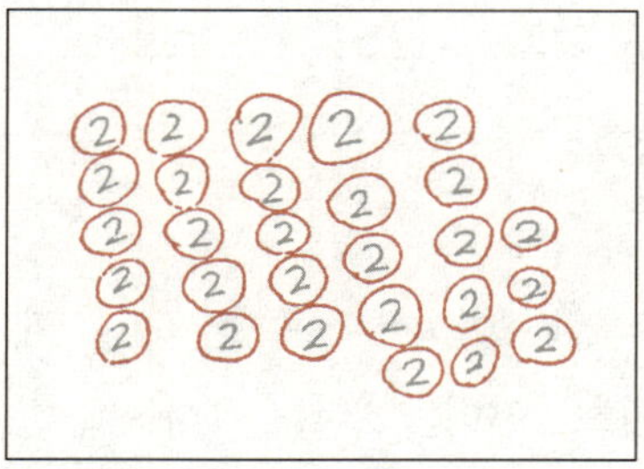

㉱

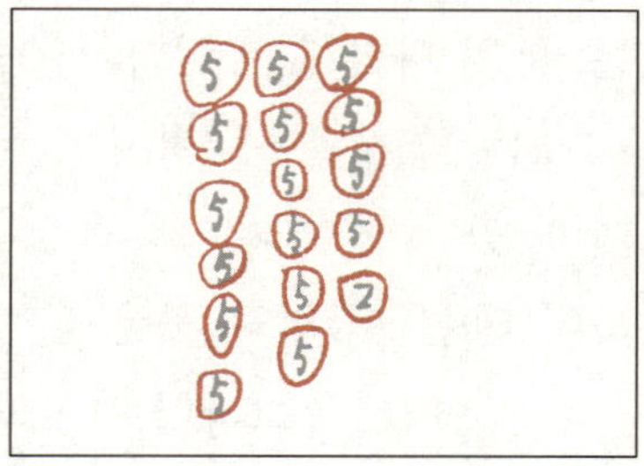

• 10개씩 정리한다

더욱이, 10개씩 옆으로 나열하고 있는 학생(㉲), 10개씩 합쳐 놓는 학생(㉳), 그리고 그것을 ◯로 묶어서 10을 써 넣고 있는 학생 등이 나타난다.

㉲

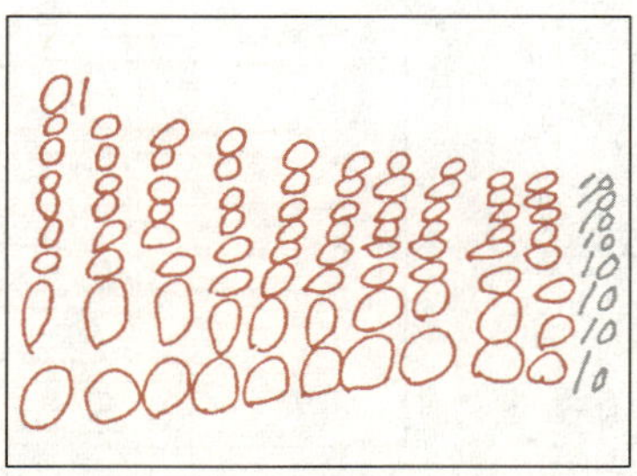

㉳

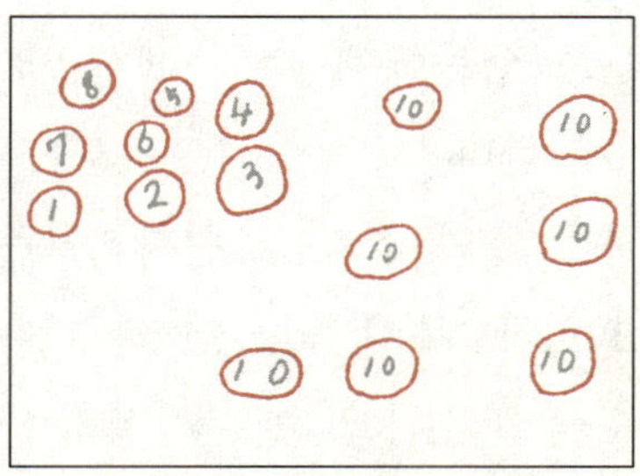

• **색으로 구별한다**

㉵

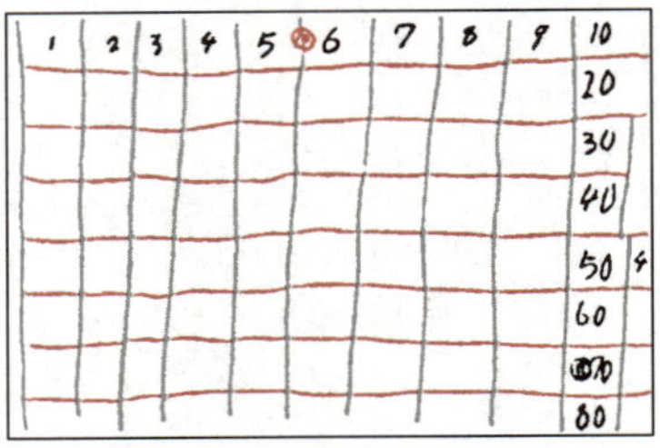

㉶

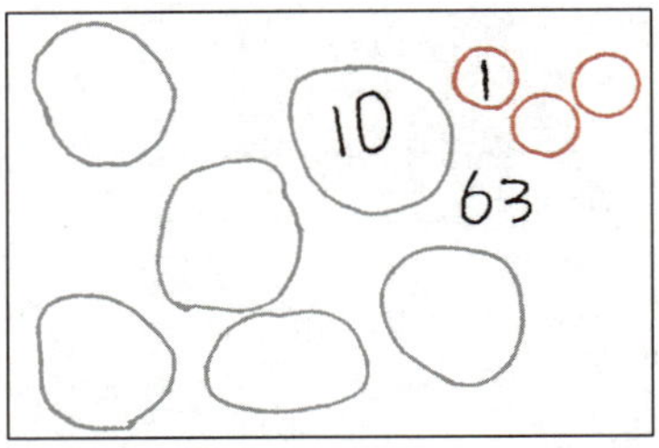

색깔로 나누어 나타낸 것은 다음과 같은 연구를 하고 있다. 맨 처음 것(㉴)은 가로로 10개씩 놓고, 그것을 빨강색으로 둘러 묶고 있다. 같은 것이 아래의 4개이다. 10개가 안되는 8개는 파랑색으로 둘러 묶고 있다. 색깔로 둘러 묶은 것 속에 일부러 숫자를 써 넣고 있다.

다음 것(㉵) 은 가로로 10개씩 나열하고, 세로로 푸른 선을 그어서 나타낸 것. 가로로 빨간 선을 그리고 그것이 8줄있는 것을 나타내고 있다. 10개가 안되는 4개는 끝 부분에 써서 합계 84로 나타내고 있다.

더욱이 ㉶는 10개의 묶음을 큰 파란 동그라미로 하고 10개가 안되는 것을 작은 빨간 동그라미로 나타내고 있다. 색깔을 사용하면서 동시에 동그라미의 크기로도 차이를 나타내고 있는 것이다.

3) 기수법의 특징을 안다

• **다양한 생각을 이용한다**

㉴

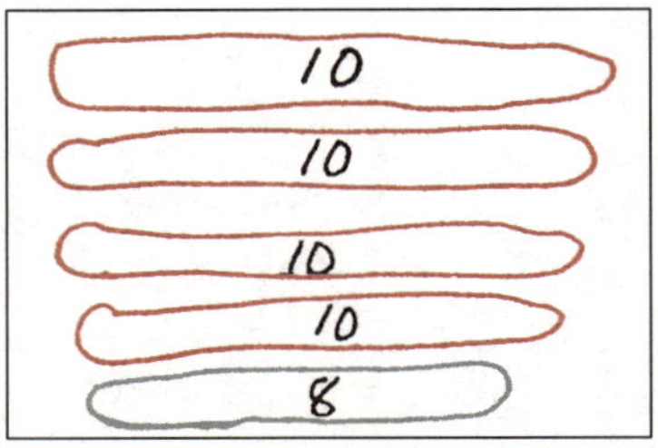

이와 같은 여러 가지 연구를 소개하면서, 학생들에게 수의 표현 방법을 생각하게 한다.

「㉮나 ㉯와 같이, 1원짜리 동전의 수를 표시해 두지 않으면 그 개수를 알 수 없을까?」하고 이런 질문을 하면,

「10개씩 쌓아 둔 곳에 1개의 동그라미를 그리고, 빨간색을 해 두면 알 수 있습니다.」라는 답이 나온다. 물론 자기가 한 것을 가지고 와 보이면서 한다. ㉶와 같은 예가 그것의 전형이라고 말할 수 있다.

더욱이, 보조적인 다음과 같은 발문을 한다. 「크기도 색깔도 바꾸지 않고 잘 표현할 수 있는 방법은 없을까요?」

• 표현하는 위치에 따라 의미가 다르다는 것을 깨닫게 한다

학생들은 잠시 생각하고, 「장소를 바꾸면 됩니다. 10개씩은 위에 10이 안되는 것은 아래의 끝에 그린다.」

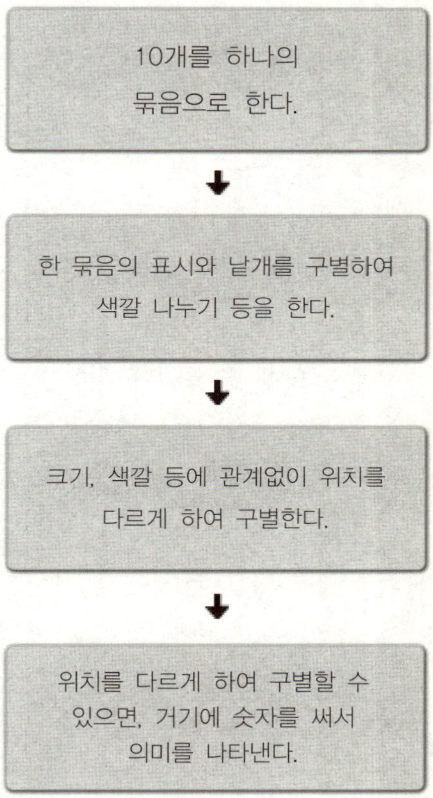

이런 생각이 나와주면, 교사는 칭찬해 준다.「아주 좋은 생각이구나. 위와 아래로 나누면 색깔은 바꾸지 않아도 되는군. 크기가 같아도 상관없네.」

약간 유도적인 발문이지만, 「동그라미 표시를 하지 않고 몇 개인지 알 수 있는 방법은 없을까?」하고 물어보아도 좋다.

「10개씩의 묶음들을 위에 쓰고, 10이 안 되는 것은 아래쪽에 작게 쓰면 됩니다.」 등의 답도 나온다.

여기까지 오면, 이후는 어느 정도 설명을 더하여, 숫자를 쓰는 위치에 따라 그것의 의미가 달라진다는 것을 알려준다.

즉, 다음과 같은 것이다.

「10개의 묶음이 4개, 1개짜리가 3개 이므로, 왼쪽은 4를 오른쪽은 3

을 써서 43으로 나타내는 것입니다.」

학생들의 사고방법의 핵심을 앞의 그림과 같이 정리하여 생각하는 것이 교사의 역할로서 중요한 것이다.

4) 자신이 잡은 동전의 수를 나타낸다

• 자기의 동전의 수를 쓴다

수업을 시작할 때의 목적은 손에 잡기 챔피언을 정하는 것이었다. 그래서, 각자에게 자기가 잡은 개 수를 숫자로 쓰게 하고 발표시킨다.

「모두가 손에 잡은 동전의 수를 그림을 보고 알기 쉽게 숫자로 써서 나타내봅시다.」

학생 각자는 종이에 숫자를 쓴다. 여기까지의 작업이 잘 이해되면 43을 403으로 잘못 쓰는 학생은 거의 없게 된다.

모두에게 숫자를 보여서 가장 많이 손에 쥔 학생을 찾는다. 84개를 잡은 학생이 뽑힌다.

「철수는 84개나 쥐었습니다. 대단하군. 앞에서 한 종이에 그림으로 함께 나타내봅시다.」 아무렇지도 않은 듯이 확인하고, 학생 모두에게 84의 의미를 확인한다.

3 이 수업에서의 문제 만들기

1) 다른 상황의 설정에서 문제만들기의 공통되는 점

이 수업에서는 일부러 문제 만들기를 하지 않았다. 그러나, 학생들이 자기 자신 문제상황을 설정한다. 게다가 학생 각자가 생각하지 않으면 안 되는 구체적인 수는 전혀 다르게 되는 것이다. 문제 만들기에서 목표로 하는 정신은 그대로 살아있는 것이다.

보통의 수업에서는 정해진 수, 예를 들면 1원짜리 동전을 43개씩 어떤 학생에게도 똑같이 주고, 그것을 세어보세요라는 활동을 요구한다. 모든 학생이 대상으로 하는 사물이 같은 것이다.

그러나 여기서는 자기가 손에 잡는 것 만큼을 세므로, 각자의 수가 다르게 된다. 1학년의 이 시기에 각자가 다른 것을 하게 하여, 그 중에서, 세는 방법 그것을 논의의 대상으로 하는 것은 흔한 것은 아니지만, 일부러 시도한 것이다.

• 자리수의 원리를 깨닫게 한다

2자리수의 원리를 학생에게 이해시키는 것은 대단히 어려운 일이다. 학생들은 나날의 생활 속에 많은 2자리수를 보고 있다. 달력이나 출석번호 등 관련되는 많은 것이 있다. 그러나 23이나 31등은 하나의 숫자로 생각하고 있는 경우가 적지 않다. 왼쪽에 써진 숫자는 10의 묶음을 나타내고 오른쪽에 써진 것은 10이 안되는 1의 개수를 나타내고 있다.

그러므로 숫자를 쓰는 장소를 약속하여 그 의미를 생각하는 것이다. 이것을 깨닫게 하는 것이 이 지도의 중요한 요점이다.

이를 위하여 일부러 학생 자신의 문제로 하여, 강한 필요감을 느끼면서 생각하게 하는 상황을 만든 것이다.

아래 그림과 같이 자리를 나타내는 틀이 있어서, 1의 자리에 있는 것이 점점 증가하여 9가 되고 또 1개 증가하면 10으로 꽉 차게 되는 순간에 한 묶음이 되어 옆의 칸에 들어가게 된다.

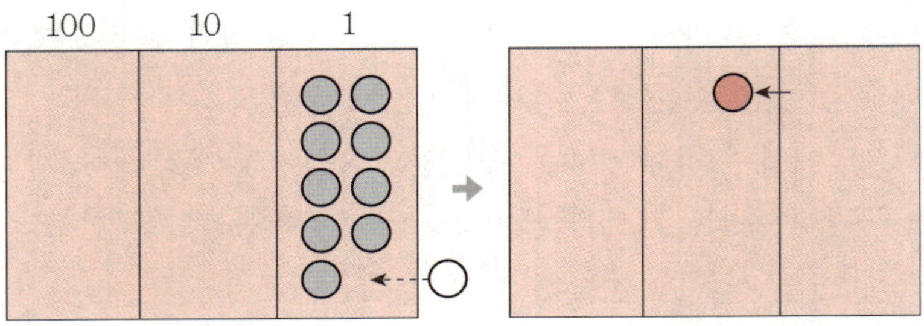

10의 자리의 칸에도 같은 일이 반복되어, 9개 다음에 1이 증가되는 순간에 다음의 100의 자리로 이동해 간다고 하는 10진 기수법의 생각이 생겨날 수 있다는 것을 기대하는 것이다.

• 100을 초과하는 수범위로 발전

그렇게 하기 위해서는 100을 조금 초과할 정도의 수를 생각하게 하는 것이 유효하다. 여기서 다룬 시합은 처음에 한 방법을 조금 변경하여 다시 학생 스스로 하게 하면, 「선생님 3번 손에 쥐게 하여」와 같이 방법을 바꾸게 된다. 그 때야 말로 100이상을 다루는 것이 가능하게 된다.

모양 만들기

4장으로 어떤 모양을 만들 수 있을까?
— 색칠된 직각2등변 삼각형으로

1 이 수업을 실천하기 위하여

1) 본 시에 관련한 단원의 목표와 지도계획

여기서는 기본적인 평면도형에 대하여, 구체적인 사물을 사용한 조작을 시키면서 다음과 같은 목표를 가진 학습을 한다.

지도목표

동그라미, 세모, 네모 등의 모양에 대하여, 그 개념을 형성하기 위한 소양이 되는 조작적 활동을 시킨다.

개념을 형성하는 것은 간단히 말하면, 「비교한다」「얼핏 보면 비슷하나 다른 것과 대비하여 차이를 발견한다」「말로 표현할 수 있다」고 하는 것이다.

다음과 같은 지도계획을 생각할 수 있다.

지도계획

1차: ○ 기본적인 모양를 사용한 물건 형태의 구성 (본 시간)
○ 주어진 대략적인 모양에 따른 물건 형태의 구성

2차: ○ 기본적인 형태의 변, 꼭지점에 착안한 분류
○ 구체물을 사용한 기본적인 형태의 구성

3차: ○ 변이나 꼭지점의 수 등의 관점에 따른 변별
○ 기본적인 이동 조작에 의한 합동 형태의 발견

2) 본 시간의 목표와 유의점

본 시의 목표

직각3각형의 색판 몇 장을 조합하여, 정해진 조건을 바탕으로 사물의 형태를 구성할 수 있을 것. 또한 스스로 발전적으로 조건을 변경하여 생각할 수 있을 것.

• 유의점

학생에게 실제로 색판을 조작시키기 위해 같은 크기의 색판을 충분히 준비해 두는 것이 필요하다.

2 수업의 전개

1) 색판 2장으로 어떤 모양을 만들 수 있을까?

「오늘은 색판을 사용하여 모양 만들기를 해 봅시다.」

• 2장의 색판으로 모양 만들기

「우선, "삼각형"의 색판을 2장 꺼내 보세요. 이 색판을 사용하여 자유롭게 좋아하는 모양을 만들고 이름을 붙여 보세요.」

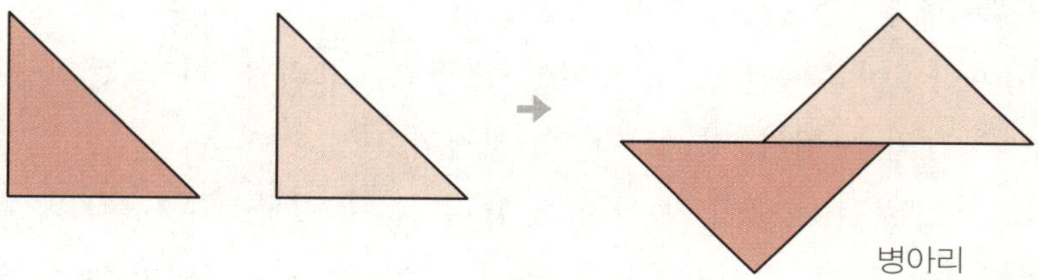

가지고 있는 색판묶음 중에서 직각2등변 삼각형 색판을 2장 꺼내게 하고 이와 같은 발문을 한다.

• 만든 모양의 대략적인 형태를 보이게 한다

용지의 위에 조작시켜서 만든 모양을 연필로 덧그리게 한다.

「선생님, 보세요」「병아리에요」「여우에요」

이런 말이 여기저기서 나와 소란하게 된다.

다음 그림과 같은 모양이 점점 많이 만들어지고, 서로 발표하고 싶어 한다.

학생들의 생각은 매우 유연하다. 교사가 미처 생각하지 못한 것이 학생들이 만든 모양 중에는 많이 있게 된다. "병아리"와 같이 중복되지 않게 밀어놓은 모양 중에 구체적인 병아리가 보이게 된다. "여우"와 같이 눈을 약간 그리고 수염을 그려 주면 그것을 잘 알 수 있다. "절구통"과 같이 겹쳐 좋은 것도 있다.

여우

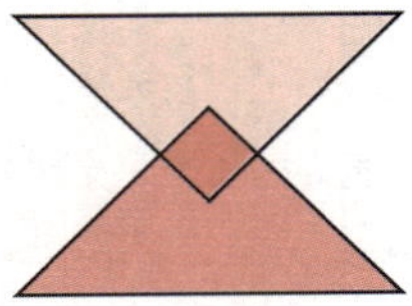

절구통

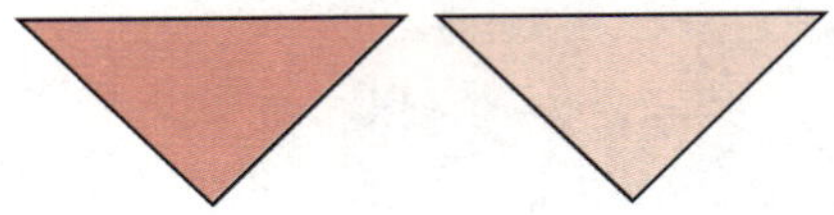

팽이

• 색판을 나열하는 방법의 차이

「모두 매우 잘 만들었어요」

「병아리, 여우, 절구통, 팽이… 많군요. 그러나 이 색판의 배열 방법에는 약간의 차이가 있습니다. 무엇일까요?」

「네, "여우"는 2장이 떨어져 있습니다.」「"절구통"은 1장이 위에 약간 겹쳐져 있습니다.」「"팽이"는 나란히 떨어져 있고, "병아리"는 옆으로 밀려 있습니다.」 이런 대답이 나오게 된다.

2) 조건을 붙여서 다시 모양을 만들게 한다

그래서, 이번에는 조건을 조금 어렵게 해 본다.

• 색판 3장을 사용하여 조건을 규제한다

「자, 이번에는 색판을 3장 사용하여 한번 더 해보자. 단, 병아리, 여우, 절구통과 같이 두 장을 붙여 옆으로 밀거나 떨어지거나 겹치거나 해서는 안 됩니다. 옆에 있는 것끼리 꼭 맞게 붙여서 만들어 보세요.」

학생들은 조건을 까다롭게 하면 매우 싫어 한다. 그래서, 색판을 1장

늘여서 하면 만들 수 있는 형태가 다양하게 되고 새로운 즐거움도 더해지므로 기뻐한다.

학생들이 만드는 모양은 다음과 같은 것이 있다.

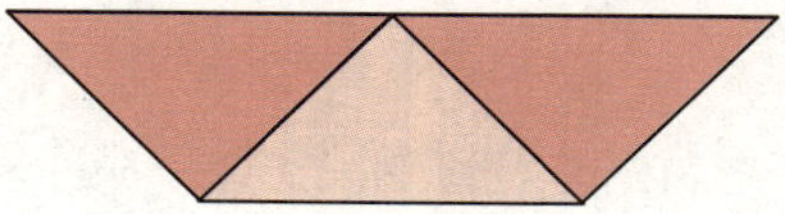

배

철교

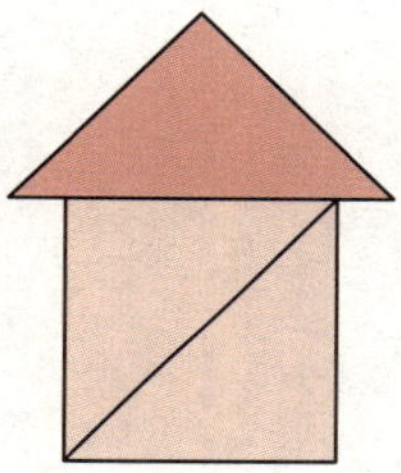

집

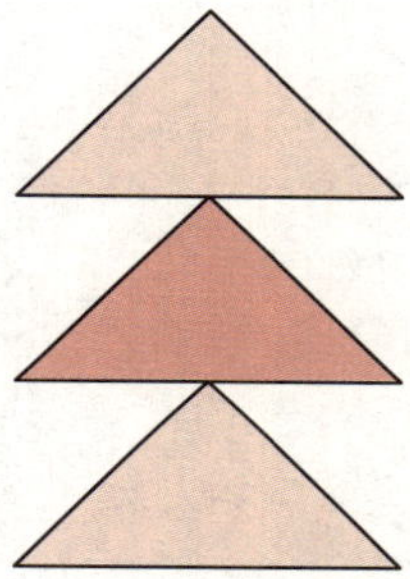

크리스마스 트리

완성된 모양을 몇 개 발표시킨 후에, 「옆의 것과 꼭 맞게 붙인다」고 하는 조건에도 받아들이는데 차이가 있다는 것을 지적한다.

「"배"나 "철교"와 "집"이나 "크리스마스 트리"는 조금 다른 배열 방법이군.」

「선생님, "집"은 역시 약간 꼭 맞지는 않습니다. 지붕과 밑이 그렇습니다.」

「그렇군, 어째서 일까?」

「이봐, 삼각형의 긴 쪽과 아래의 짧은 곳이 다른거야.」

「"크리스마스 트리"는 뾰족한 곳이 붙여져 있는 것뿐이야.」

• 조건을 명확히 한다

「그렇습니다. 지금부터 옆에 있는 것끼리 꼭 맞게 붙여진다고 하는 것은 이곳의 "가장자리"가 꼭 맞게 붙여진다고 약속합시다.」

3) 스스로 문제를 발전시킨다

「그러면, 이번에는 어떤 모양 만들기를 할까요? 모두 생각하여 발표해 주세요.」

조금 시간을 주고 생각하게 한다.

문장제와 같이 어떤 문제를 바탕으로 하여, 조건을 바꾸어 문제문을 쓰게는 하지 않더라도 학생은 자유롭게 앞의 문제를 변경하여 만들게 된다.

• 색판의 개수를 늘린다

「선생님, 이번에는 색판을 훨씬 늘려요.」

「몇 장으로 할까?」

「1장 더 늘려서 4장이 좋아요.」「5장요, 5장」

• 색판의 모양을 바꾼다

「알았어요. 색판의 장 수를 더 늘리고 싶다는 생각이군요.」

「선생님, 다른 색판을 사용하면 안됩니까?」

「어떤 의미입니까?」

「4각형의 색판을 사용하고 싶습니다.」

「아아! 3각형과 4각형을 섞어서 사용하는 것 말이군요.」

흑판에 구체적인 발전 방향을 보여준다.

• 발전 방향을 보인다

① 색판을 4장으로 한다.

② 색판을 5장으로 한다.

③ 4각형의 색판을 섞어서 한다. (3각형 2장 크기의 4각형)

1학년 학생으로는 충분히 발전적인 문제만들기라고 할 수 있다.

그래서, 모두 함께 그 중의 하나를 해 보는 것으로 한다.

4) 그러면, 4장으로 어떤 모양을 만들 수 있을까요?

• 4장의 색판에 도전

「①에 써 있는 방법으로 색판을 배열해 봅시다.」

「"3각형"의 색판 4장으로 어떤 모양을 만들 수 있을까요? 단지 가장자리 부분을 꼭 맞게 맞추지 않으면 안됩니다. 만든 모양에는 이름을 붙여 주세요.」

학생들은 즐겁게 도화지 위에 만들어 낸다. ②나 ③의 방법도 해 보려고 하는 마음을 가지면서.

• 테트라브로즈

직각2등변 3각형을 4장 조합하여 만든 모양은 테트라브로즈라고 부른다. 14종류 정도 있다. 단지 같은 형태이지만 그 속의 3각형의 조합이 틀리면 다른 것으로 생각하면 21종류 정도 된다.

이런 것도 교사는 알아두어야 하고, 학생들이 만드는 형태의 차이도 눈여겨보는 것이 좋다.

모두를 소개해 두자.

이들 형태에 학생들이 붙인 이름은 모두 재미있는 것들이다.

시간적 여유가 있으면, 색연필로 색을 칠하게 하면 좋다. 같은 형태라도 학생에 따라 전혀 다른 것으로 보일 수 있는 것이다.

아래의 예에서 ㉳는 어떤 학생은 얼굴로 보이든가 다른 학생은 방석으로 보이든가 하기도 한다. 학생의 발상은 재미있다. ㉱는 유모차, ㉲는 새, ㉴는 병아리, ㉵는 여우, ㉸는 철교 등등이다.

㉮ ㉯

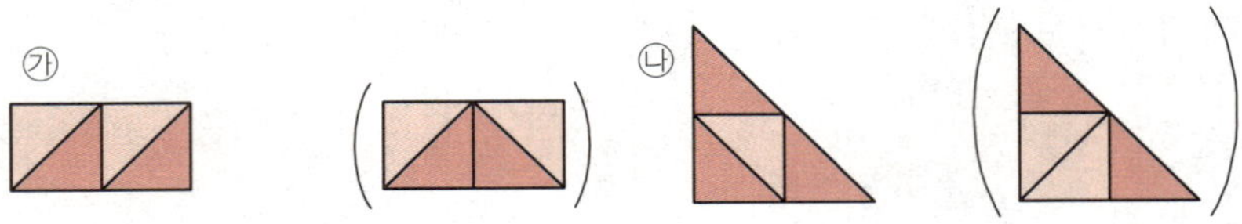

㉰ ㉱

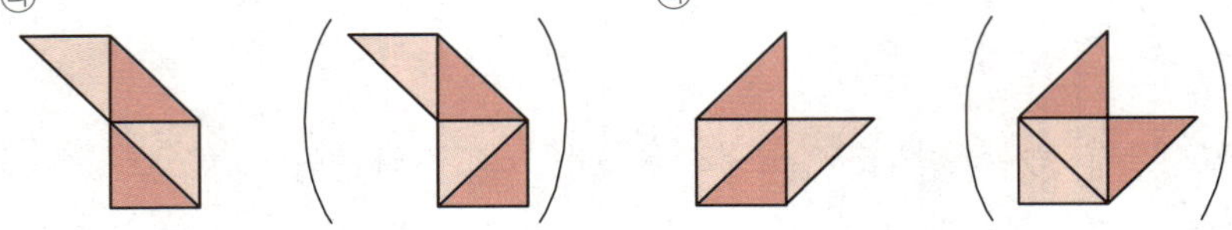

㉲ ㉳ ㉴ ㉵

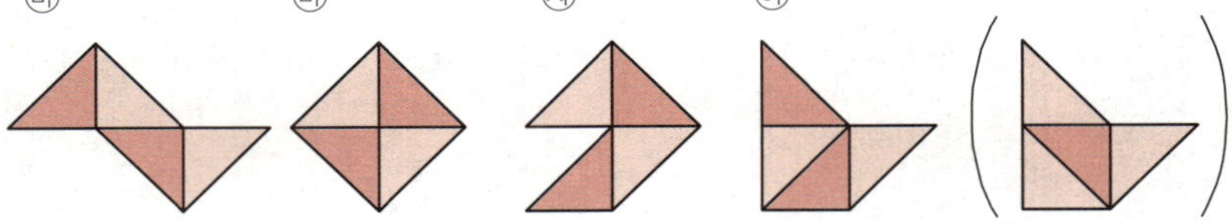

㉶ ㉷ ㉸

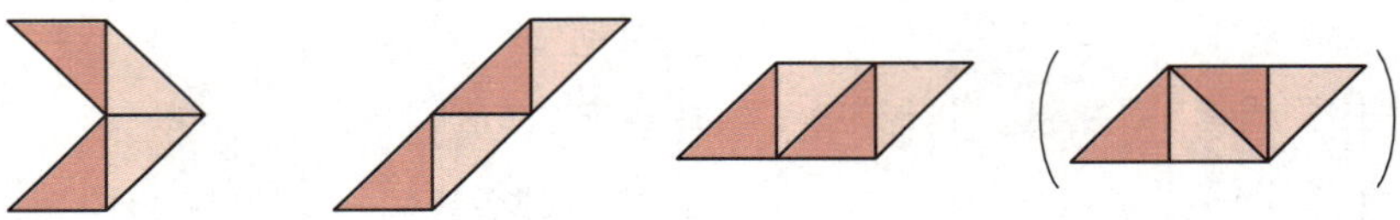

㉹ ㉺ ㉻

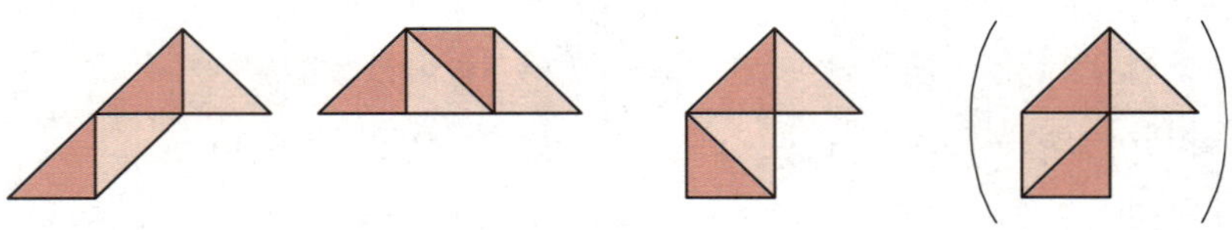

3 이 수업에서의 문제 만들기

1) 색판을 늘리는 발상

이 수업에서는 직각2등변 3각형을 변과 변을 꼭 맞게 붙여가는 형태를 발전적으로 만들어 내는 것이 중심으로 되어 있다.

1학년 학생의 도형 학습의 목표로부터 생각한다면, 주어진 도형을 나열해 갈 때에 평행이동을 하거나, 회전이동을 하거나, 뒤집는 이동을 하는 경험을 하는 것이다.

그러나 여기서는 이 목표도 넣어서 직각2등변 3각형을 2장, 3장, 4장 배열하면서 발전적으로 생각하게 하는 것에 보다 깊은 목표를 두었다.

이것이 더욱 발전하면, 직각2등변 3각형의 색판이 없다면 어떻게 될까하고 생각하는 학생도 나오게 된다.

그렇게 되면, 이 책에서 말하는 문제 만들기의 정신이 살게 된다.

직각2등변3각형을 1개, 2개, 3개 …로 연결해 갈 때, 거기에서 생기는 도형을 폴리아브로즈(다각판)라고 한다.

• 폴리아브로즈(다각판)

폴리는 일반적인 모양(다각)을 의미하는 접두어이다. 1개의 경우, 2개의 경우, …로 각각의 개수를 의미하는 접두어에 붙여서 바꾸면, 그때마다 이름이 붙여진다. 1개로는 모노브로드, 2개로는 다이아브로즈, 3개로는 트리아브로즈, 4개로는 테트라브로즈, 5개로는 펜타브로즈로 되는 것이다.

다음 그림과 같이 각각, 1종, 3종, 4종 …으로 늘린다. 이 모양이 얼마 정도 있는지에 대한 일반적으로 구하는 방법은 아직 알려져 있지 않다.

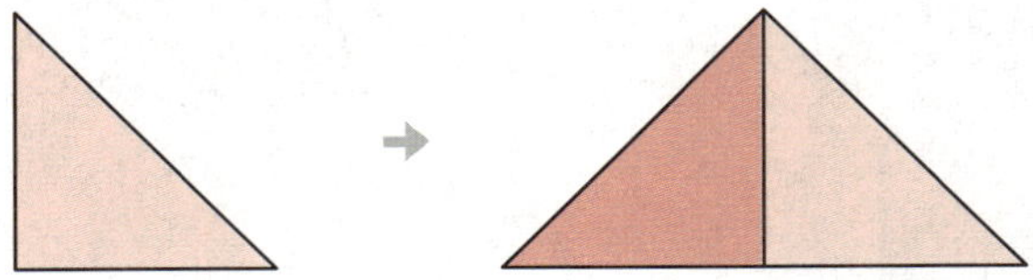

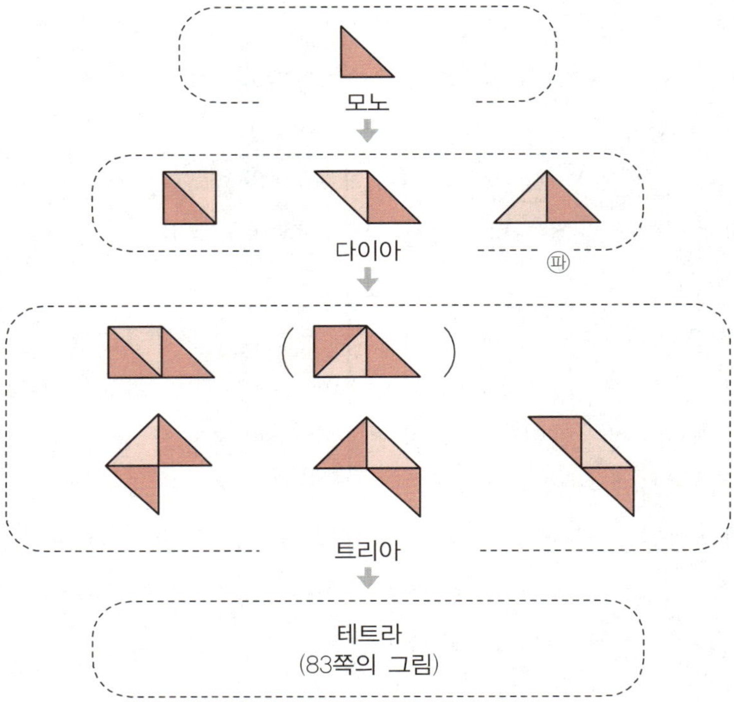

• 정다각형이나 입방체를 연결하는 것으로 발전

이와 같이 생각해 가면, 특별히 3각형만 나오는 것이 아니라 정4각형, 다각형, 입방체 등으로 모두 같은 것이 가능하게 되는 것을 알 수 있다.

정3삼각형으로는 폴리아몬드, 정4각형으로는 폴리오미노, 정6각형으로는 폴리헥시즈, 입방체로는 폴리오미노이즈라고 한다.

• 깊이 있는 교재

1학년에 제한되지 않는 굉장히 발전적인 내용을 갖게 되는 교재인 것이다.

이 시간에는 만들어진 모양을 어떤 구체물로 볼 수 있을까 하고 제기하였다. 학생은 그림을 그릴 때와 같이 활발한 활동이 있었다고 말할 수 있다.

5 2학년의 사례

곱셈

끝에서 끝까지 몇 m?
— 사이의 수를 생각한다

1 이 수업을 실천하기 위하여

1) 이 시간에 관련한 단원 목표와 지도 계획

곱셈 구구의 암송(자동화)이 거의 끝난 시점에서, 이것을 이용한 문제해결의 소단원 「곱셈의 사용 방법」을 설정한다.

이 단원의 목표는 다음과 같다.

지도목표

곱셈 문제를 (1개 분을 나타내는 수)×(몇 배인지를 나타내는 수)의 식에 적용하여 해결할 수 있을 것.
또, 처음에 주어진 문제를 바꾸어서 새로운 문제를 여러 가지로 만들 수 있을 것.

이 지도 계획은 다음과 같이 설정할 수 있다.

지도계획

1차: ○ 처음에 주어진 문제의 해결과 문제 만들기 (본 시간)
○ 만들어진 문제의 음미와 해결

2차: ○ 만들어진 문제에 의한 연습 (2시간)

2) 본시의 목표과 유의점

본 시의 목표

깃발의 수와 간격 수의 관계를 간파하고 곱셈식을 세워서 문제를 풀 수 있다. 또, 그 문제를 바탕으로 하여 문제를 만들 수 있을 것.

• 유의점

처음의 문제, 이른바 식목산(植木算) 문제의 이해에서 그림을 그리게 하던가 구체적인 사물, 연필등을 사용하면서 조작시켜서 해결하는 것이 나중의 문제만들기를 할 때에 큰 영향을 준다.

식을 세울 때에도 문제문 중에 없는 수를 스스로 찾아내어 사용하는 것을 강조해 두는 것이 중요하다.

2 이 수업의 전개

1) 5개의 깃발이 8m 간격으로…

교과서에 다음과 같은 문제가 있다.

8m 간격으로 깃발이 5개 서 있습니다. 끝에서 끝까지 몇 m 입니까?

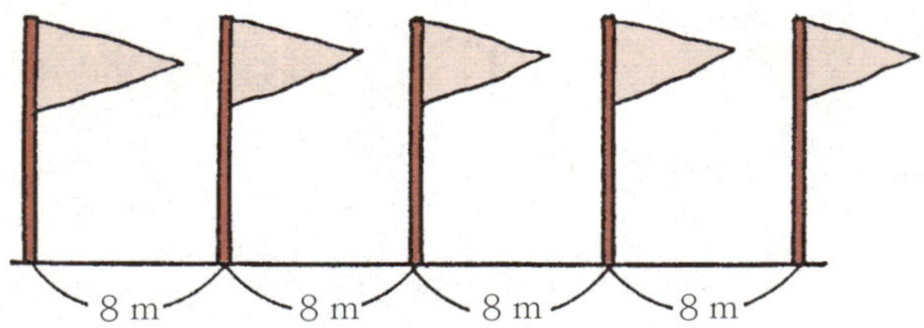

• 교과서의 문제를 수업에 사용할 수 있도록 다시 고침

이것을 이대로 학생들에게 제시하여서는 별로 흥미가 없을 것이다. 이제까지 많은 구구 연습을 하면서도 곱셈의 의미를 강조하면서 학습해 왔다. 여기서 그 곱셈을 사용한 문제해결의 하나를 하려고 하므로 이제까지의 학습 효과도 약간 조사하면서 진행하고 싶다.

그러므로 이 문제를 조금 정리한다.

학생들이 흔히 틀리는 예로서 문장 중에 나오는 숫자를 순서대로 사용하여 식을 세우는 것이다. 진정한 곱셈의 의미를 알고 있으면 문장의 순서대로 숫자를 나열하지 않고 무엇이 곱해지는 수이고, 어느것이 곱하는 수인지를 잘 생각하여 식을 세울 것이다.

또, 이 문제와 같이 그림이 있거나 없는 것에 따라 충분히 이해의 방법이 달라진다. 즉, 문장 중의 5개의 깃발에 영향을 받아 8×5로 식을 세우는 학생, 정확하게 간격의 수를 세어서 8×4로 식을 세우는 학생의 반응 수가 다르게 된다. 여기서 문제를 다음과 같이 다시 고친다.

• 주어지는 문제는 곱하는 수가 앞에 오고 그림은 없다

> 5개의 깃발이 8m 간격으로 서 있습니다. 끝에서 끝까지 몇 m일까요?

이와 같이 인쇄한 과제 용지를 나누어 준다. 문제 문의 아래는 여백으로 비워 둔다. 각자 그림을 그려서 생각하게 하기 위해서 이다.

2) 문제를 풀어 본다

「자, 오늘은 이 문제를 생각해 봅시다.」
「간단해, 간단해」하고 금방 용지에 식을 쓰는 학생도 있다.

• 문제를 그림으로 그리게 한다

그러나 이런 학생만 있는 것은 아니다. 일부 학생들 소리에 좌우되어, 바로 「하세요」 해서는 안된다.

「이 문제를 그림으로 그리면, 어떤 그림이 될까요? 밑의 빈 곳에 그려 보세요.」하고 격려한다.

학생이 그리는 그림은 깃발 1개 등 여러 가지이다. 네모 깃발도 있고 세모 깃발도 있다.

• **다른 식을 보여준다**

드디어 용지에는 다음과 같은 반응이 나타난다.

$5 \times 8=40$	40m	……	11명
$8 \times 5=40$	40m	……	5명
$4 \times 8=32$	32m	……	0명
$8 \times 4=32$	32m	……	20명

예상했던 반응 중 4×8의 식은 없었지만, 다른 것은 있었다. 그래서, 그 반응의 대표자를 지명하여 흑판에 쓰게 한다.

3) 해결법을 토론한다

• **5×8인가 8×5인가?**

우선 5×8의 식과 8×5의 식에 대하여 고찰하게 한다.「2개 모두 40m라는 답이 같지만, 식이 다르네. 이유를 설명해 볼까요?」

「5개의 깃발이 8m간격으로 서 있다고 쓰여져 있으니까, 5×8로 하였습니다.」

「다르게 생각합니다. 8m가 5개 있으니까 8×5가 좋다고 생각합니다. 그런데, 끝에서 끝까지 몇 m인가를 묻고 있어요.」

「그렇습니다. 5×8로 하면 답이 40개가 되어버려요.」

식의 의미에 대한 논의이다.

(1개를 나타내는 수)×(몇 배인가를 나타내는 수)=(전체의 수)의 의미가 파악되어 있는 학생은 이것을 설명할 수 있다. 그렇지 않은 학생은 이 논의에서 재확인한다.

그러나, 8×4로 식을 세운 학생은 이 논의를 들으면서도 만족하지 못하고 혼란스러워 하고 있다. 곱해지는 수 5가 걱정이 되어 참을 수가 없다.

• 8×5인가 8×4인가?

「선생님, 8×5가 이상하다고 생각합니다.」

「그래? 또 다른 1개의 식이 있지. 그것도 비교해 보자. 아! 답이 다르네.」

「답도 다르지만, 8×5가 아니라, 8×4입니다.」

「왜일까?」

• 일목요연하게 그림을 해석한다

여기서, 학생의 그림이 등장한다.

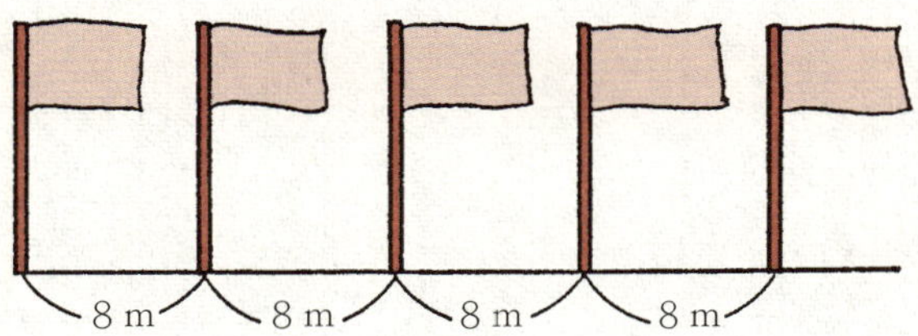

「기는 5개 이지만, 그 사이의 8m는 4개 뿐입니다. 그러므로, 8m가 4개 있어요. 8×4가 좋다고 생각합니다.」

학생이 흑판에 그린 그림과 그 설명으로, 거의 모든 학생이 납득한다.

「그러면, 4라는 수는 선생님이 이 문제에는 쓰지 않은 수이구나.」

「그렇습니다. 그러므로 5−1=4이라는 식을 써 두면 알 수 있습니다.」

이런 말을 첨가해 주는 학생도 있다.

4) 문제를 만든다

그러면, 이 문제를 충분히 검토한 후, 이것을 바탕으로 하여 문제를 만들게 한다.

「이 문제를 흉내내어 스스로도 문제를 만들어 봅시다.」
이런 발문으로 과제지의 우측을 사용하게 한다.

• 과제지에 쓰게 한다

(과제지) B4 용지

이름(　　　　　)	
(처음의 문제)	(자신이 만든 문제)
〈해결〉 −1−	−2−

• 질문에 답한다

「깃발 사이의 길이를 바꾸어도 좋습니까?」
「깃발을 더 많이 하여도 좋습니까?」
「깃발이 아니라도 됩니까?」 등의 질문이 속출한다. 「좋습니다」하고 대강 답한다.

「답도 냅니까?」라고 하는 학생도 있다. 이 질문에 대해서는 「아니, 답까지 생각하지 않아도 됩니다.」라고 한다. 왜냐하면, 답까지 생각해야 된다고 하면, 학생들의 생각을 많이 구속하기 때문이다.

5) 만든 문제를 발표한다

수업 중에 발표하게 한 문제를 소개하면, 다음과 같다.

• 깃발 사이의 길이를 바꾼다

〈학생 A〉

5개의 깃발이 9m간격으로 서 있습니다. 끝에서 끝까지 몇 m일까요?

「나는 9m로 바꾸어 만들었습니다.」

• 깃발을 다른 물건으로 바꾼다

〈학생 B〉

운동장에 공이 5m간격으로 놓여져 있습니다. 끝에서 끝까지 몇 m일까요?

• 조건이 부족한 것을 깨닫는다

「이 문제는 풀 수 없다고 생각합니다.」

「그렇구나. 나는 공으로 바꾸어 만들었는데, 공의 수가 빠졌다, 8개의 공이 있습니다.」

• 수치는 같고 상황을 바꾼다

〈학생 C〉

들판을 보면 8개의 풍선을 단 허수아비가 5개 서 있습니다. 풍선의 개 수는 몇 개일까요?

「재미있는 문제구나. 어디를 어떻게 바꾸었습니까?」

「바꾼 곳은 적지 않습니다. 많습니다.」

「그것은 숫자만 바꾼 것이 아닌 것 같습니다.」

「이것을 풀 때에는 어떤 식이 되는지 생각해 보면, 어디가 같고 어디가 다른지를 잘 알 수 있을지도 모르겠네.」

• 곱셈의 상황을 살린다

〈학생 D〉

9개의 꽃 병에 꽃이 5송이 씩 꽂혀있습니다. 꽃은 몇 송이 입니까?

「숫자도 깃발도 모두 바꾸었습니다.」

• 숫자와 상황을 바꾼다

〈학생 E〉

6척의 요트가 9m간격으로 물에 떠 있습니다. 끝에서 끝까지 몇 m일까요?

「밑 줄을 친 곳이 바꾼 곳입니다.」

• 수치는 같고 상황을 바꾼다

〈학생 F〉

8명이 탈 수 있는 보트가 5척 있습니다. 몇 사람 탈 수 있습니까?

「깃발을 보트로 하였습니다.」

각자의 문제 만드는 방법을 하나 하나 정중히 듣는 식으로 6명의 학생이 발표를 마쳤다.

• 공통의 문제로 1개를 풀어 본다

학생들이 이들 6개의 문제 중에서 가장 흥미를 가진 것은 학생C가 만든 것이었다. 문제의 상황이 대단히 재미있다고 생각한 듯하다. 복잡한 상황으로도 비쳐진 것이기도 하다.

한 문제 모두 함께 풀려고 생각하는데 어느 것을 해 보고 싶으냐고 물으니까 태반의 학생들이 학생C의 문제가 좋다고 한다.

교사가 생각하기에도 곱셈식의 의미, 즉, 곱해지는 수와 곱하는 수의 차이를 알게 하는 것이 목적이므로, 이것을 푸는 것으로 한다. 36명 중 32명이 8×5=40, 40마리, 하고 답하였다.

6) 다음 시간에 사용한 공통 문제

• 다음 시간에 채택한 문제

이 시간에 쓰게 한 과제지를 회수해 보면, 수업 중에 보이지 않았던 문제도 발견할 수 있다. 다음 시간에는 그 중 몇 개를 복사하여 새로운 문제해결 연습을 한다.

아래의 문제는 그것이다.

• 수치를 바꾼다

〈학생 G〉

6개의 깃발이 8m 간격으로 서 있습니다. 끝에서 끝까지 몇 m입니까?

• 곱셈의 구조를 남긴다

〈학생 H〉

8명이 타는 보트가 5척 있습니다. 전부하여 몇 사람 탈 수 있을까요?

학생G의 문제는 수치를 바꾼 것뿐으로 흔히 있는 식목산의 구조 그대로 이다. 이 문제는 처음의 문제에서 수치를 일반화하고 싶을 때 사용할 수 있다. 학생H의 문제는 곱셈 구조를 생각한 문제로, 앞에서도 언급한 식의 이해 정도를 보는데 좋다.

• 원둘레 위에 말뚝을 정렬한 문제

〈학생 I〉

연못 둘레에 보호말뚝이 8개 서 있습니다. 말뚝과 말뚝 사이는 3m라고 하면, 연못의 둘레는 몇 m가 됩니까?

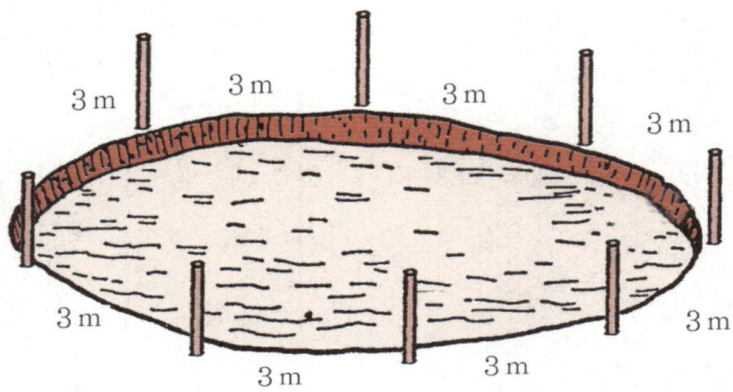

이것은 처음 문제와 같은 식목산의 구조를 갖고 있는 것으로, 선분 위가 아니라 원둘레 위의 문제로 되어 있다. 말뚝과 간격의 수가 같은 상황이다.

이 문제는 학생I 자신의 그림이 있으므로 대부분의 학생이 3×8=24(m)의 답을 구하였다.

마지막 문제는 처음의 문제를 역으로 구성하고 있다.

• 역의 문제

〈학생 J〉

바둑돌을 2m간격으로 놓았습니다. 끝에서 끝까지의 길이는 14m가 되면,
바둑돌은 몇 개 일까요?

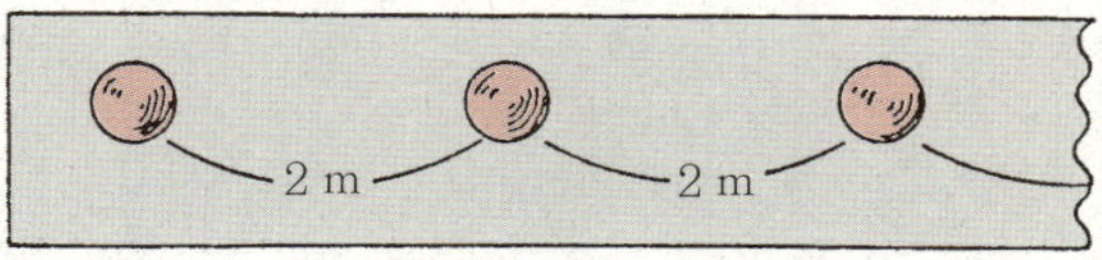

나눗셈의 상황이다. 이 단계의 많은 학생은 2×7=14로 식을 세우고, 답은 7개라고 한다. 처음의 문제를 잘 생각한 3명의 학생은 2×7=14로 하고 답은 8개로 썼다.

3 이 수업에서의 문제 만들기

이 수업에서 후반은 문제 만들기 활동이었다. 학생이 만든 문제를 이용하여 교사가 선택한 문제를 풀게 하는 것도 다음 시간에 행하였다.

1) 곱셈을 사용하는 상황의 이해를 위해

곱셈의 학습에서는 그 도입 시기에 의미 지도가 행하여지고, 그 뒤는 구구의 암송을 열심히 하는 것이 일반적인 지도이다. 구구를 전부 암송할 수 있으면 대개는 그것으로 끝나게 된다. 곱셈을 어떤 상황에 사용할 수 있는지, 거기에 시간을 투입하는 것은 많지 않다.

여기서는 그것을 보충하기 위해 곱셈을 사용하는 상황을 이용하면서, 처음에 곱셈식의 의미를 재확인하는 것을 중심으로 수업을 전개하고, 그 후에 그것을 바탕으로 문제 만들기를 하였다.

2) 식목산

처음의 문제는 말하자면 식목산의 문제이다. 8×(5−1)의 구조를 가진 문제이다. 그러나 2학년 학생으로 이 식을 쓰지는 못한다. 문제의 구조를 그림으로 해석하고 그 중에서 (5−1)의 의미를 이해하는 것이다.

이 문제로 시작했을 때, 학생들이 만드는 문제는 여러 가지였다. 수치를 바꾸는 간단한 변경만 하면, 식목산의 구조는 바뀌지 않고 이런 방법의 문제에 대한 일반화를 하려고 할 때에 유효하게 사용할 수 있는 문제가 된다. 그러나, 학생들은 문제상황을 좀 더 변경하여 순수한 곱셈의 문제상황으로 하였다.

3) 식목산은 2단계 사고의 문제

식목산은 2단계의 사고를 요구하는 문제이다. 이것을 바탕으로 하였지만 1단계 사고의 문제로 하는 학생도 많이 보여지는 것은, 역시 처음 출발한 문제가 어려운 구조인 것으로 생각해도 좋다. 학생이 만든 양자에 대한 문제의 차이를 좀더 깊이 음미하게 하는 상황을 만들어 주면, 훨씬 이해가 깊게 될 것이다.

덧셈

보태면 58cm
— 덧셈과 뺄셈의 상호관계

1 이 수업을 실천하기 위하여

1) 이 시간에 관련한 단원 목표와 지도 계획

교과서에는 2학년 이후가 되면, 덧셈이나 뺄셈의 여러 가지 경우를 쭉 수를 할애하여 다루는 것이 적다. 주로 연습 문제 등으로 다루고 있다.

여기서는, 덧셈과 뺄셈의 상호관계를 다루면서, 이제까지 많이 다루고 있지 않았던 경우를 넣어 본다.

지도목표

덧셈의 역인 뺄셈이나 뺄셈의 역인 덧셈 등의 문제해결을 바탕으로 문제를 만드는 것으로부터 덧셈이나 뺄셈의 상호관계를 이해할 것.

이 목표를 위하여, 다음과 같은 계획으로 수업을 진행한다.

지도계획

1차: ○ 덧셈의 역인 뺄셈의 이해와 문제 만들기 (본 시간)
○ 만들어진 문제의 해결

2차: ○ 뺄셈의 역인 덧셈의 이해와 문제 만들기
○ 만들어진 문제의 해결

2) 본 시간의 목표와 유의점

본 시의 목표

덧셈의 상황에서 더하는 수를 모를 때, 뺄셈을 사용하여 풀 수 있을 것. 또, 그것을 바탕으로 하여 문제를 만들면서 덧셈과 뺄셈이 서로 역 관계로 되어 있는 것을 알 것.

• 유의점

문제의 구조를 이해하기 위하여, 언제라도 사용할 수 있는 테잎 그림을 덧셈과 뺄셈의 모델로 사용할 수 있도록 준비해 두는 것이 좋다.

2 수업의 전개

1) 보태면 58cm

덧셈은 덧셈대로 뺄셈은 뺄셈대로 별개의 것으로 학습해 온 학생들에게, 2가지 계산이 서로 역관계로 되어 있는 것을 파악하게 하고 싶다.

그러기 위해, 다음과 같은 문제를 바탕으로 한 문제 만들기를 통하여, 이 것의 이해를 깊게 할 수 있다고 생각했기 때문이다.

• 처음의 문제

35㎝의 나무막대 끝에 다른 막대를 붙이면 58㎝가 되었다. 덧붙인 나무막대의 길이는 몇 ㎝일까요?

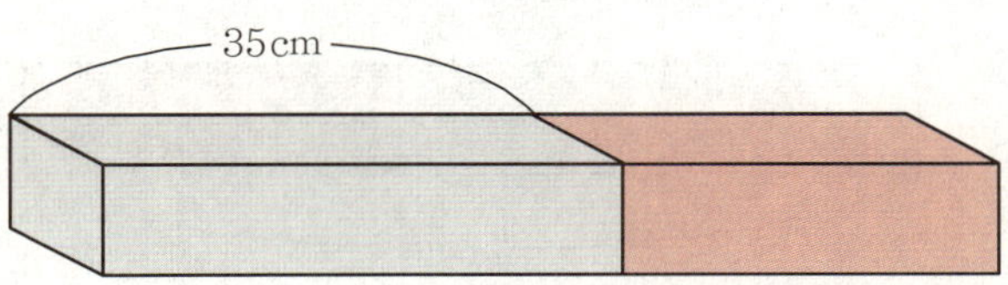

이 문제의 구조는 35+X=58의 식으로 나타낼 수 있다. 덧셈 구조로 되어 있지만, 구하는 길이를 계산하는 데는 뺄셈을 사용하지 않으면 안 된다. 막대의 문제를 사용한 것은 이 문제를 띠그림으로 나타내어 문제의 구조를 쉽게 이해한다고 생각했기 때문이다.

「이 문제를 풀어 봅시다.」

학생들은 바로 과제지에 자기의 생각을 쓰기 시작한다. 과제지에 그려진 그림에 어디가 58㎝로 되는 지를 쓰고 생각하는 학생도 있다.

2) 덧셈 구조의 문제를 뺄셈으로 푼다

학생 전원이 어떻게든 자기 힘으로 푼 것을 발표하게 한다. 미리 교실을 순회하며 오답을 포함하여 눈여겨 보아둔 학생을 지명하고 발표하도록 한다.

A군, 58−35=23, 답 23㎝를 판서한다.

대부분의 과제지는 이것이었다. 그래서, 어째서 이런 식이 되었는지를 묻는다.

「이와 같이 쓴 사람은 있습니까?」「네에.」 대부분이 이렇게 대답한다.

「그러면, 왜 이와 같은 식이 되었는지 설명해 주세요. 여기에 막대 대신에 좁고 긴 테잎을 선생님이 준비하였으니까 이것을 사용해서 하면 좋아요.」

•테잎 그림을 이용

아래 그림과 같이 테잎 그림에 길이를 써넣어서 설명을 첨가할 수 있다.

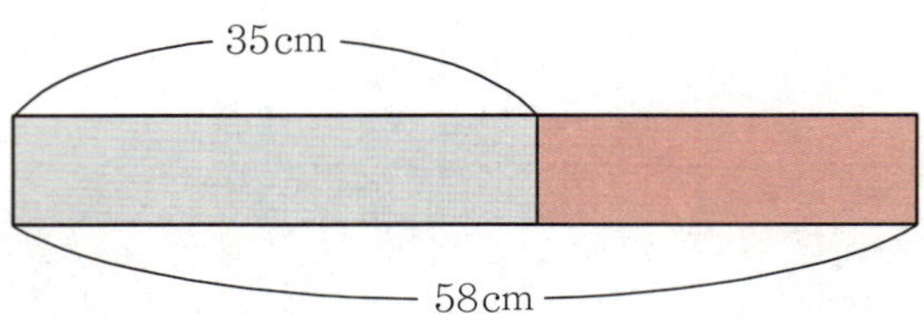

백묵을 가지고 그림 속에 알고 있는 수치를 넣어서, 「이렇게 되니까, 여기(빗금 친 부분이 다른 빨간 테잎으로 되어 있다)를 모르니까, 그것을 구하기 위해서는 58−35로 할 수 있습니다.」

「그렇지, 잘 알 수 있네요.」

「다른 식을 쓴 사람도 있으니까 그것을 들어 봅시다.」

•구조가 덧셈인 것을 이용

B양은 35+「23」=58　　　답 23㎝로 판서

C양은 35+58=93　　　답 93㎝로 판서

「B양과 C양의 식을 보고, 이것에 의견을 말할 수 있는 사람 있습니까?」 이렇게 물어 보면,

「B양의 것은 그것으로 좋다고 생각합니다. 그러나 「 」속의 23을 어떻게 찾아내었습니까?」

「23은 58에서 35를 빼서 구한 것입니다.」

이렇게 계속하여 주고 받는다.

그런데 C양의 해결 방법이다.

「C양의 것은 틀립니다. 93㎝라고 하면, 최초의 문제에서 막대를 이어붙여서 58㎝라고 하는데 그것보다 길어져 버린다고 생각합니다.」

2학년인데도 꽤 조리있게 설명하고 있다.

「나는 이어붙인다고 하니까 덧셈이라고 생각했습니다.」

이 학생은 그래도 모든 학생의 설명과 그림을 보고 문제의 구조를 알게 되어 모르는 길이는 뺄셈으로 구할 수 있음을 이해할 수 있었다.

B양도 C양도 처음의 이 문제는 덧셈 구조로 되어 있는 것은 알아차린 것이다.

3) 문제 만들기

「어쨌든 이 문제는 35+□=58로 되어 있지만, 답을 구하기 위해서는 58−35에서 구할 수 있었습니다. 그러면, 이 문제를 사용하여 비슷한 문제를 스스로 만들어 보기로 합시다.」 이와 같은 발문으로 문제 만들기를 몇 번 경험한 학생들은 쉽게 만들어 낸다.

될 수 있는대로 많은 학생에게 발표의 기회를 주기 위해, OHP용지와 팬을 사용한다. OHP 위에 발표된 문제는 다음과 같다.

• 사물을 바꾼 문제

각자의 발표에서 테잎 그림을 사용하게 하여 어디를 구하는 문제인지도 함께 발표하게 한다.

학생A의 것은 다음과 같은 것이다.

〈학생 A〉

35cm의 죽순 끝에 또 죽순을 덧붙이니까 58cm가 되었습니다. 덧붙인 죽순의 길이는 몇 cm일까요?

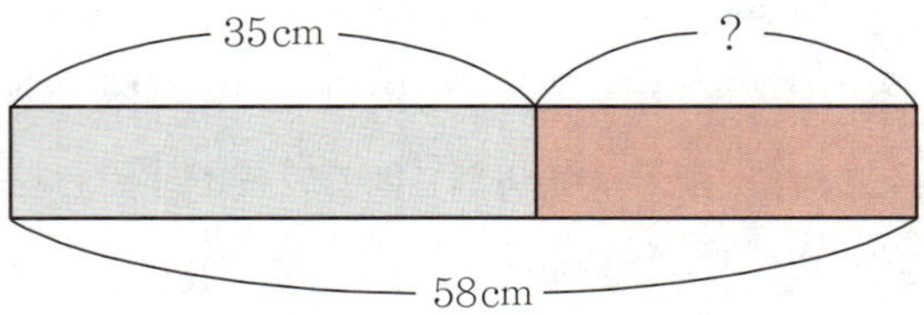

• 사물과 수치를 바꾼 문제

〈학생 B〉

36cm의 연의 꼬리에 다시 꼬리를 이었습니다. 이으니까 59cm가 되었습니다. 이어붙인 꼬리는 몇 cm일까요?

문제 상황이 학생들의 생활과 꼭 맞는 것이어서 매우 좋다. 처음에 주어진 문제보다도 훨씬 더 적합한 문제이다. 또한 수치를 1cm씩 늘린 것도 훌륭하다(핵심을 찌르고 있다). 왜냐하면, 지금은 알아차리지 못할지도 모르지만, 빼지는 수와 빼는 수가 모두 1씩 늘어나도 답은 변하지 않는다는 것을 학습할 수 있는 문제이기 때문이다.

이것도 그림에 의한 해석은 앞의 것과 같은 구조이다. 수치만 바꾼 것이 되므로 생략한다.

• 상황을 크게 바꾼 문제

〈학생 C〉

23m의 집을 다시 고쳐서 2층으로 하였습니다. 그러니까 42m가 되었습니다. 2층에 이어 붙인 집은 몇 m입니까?

테잎의 그림을 세로로 한 것이다.

이것도 처음의 문제로부터 생각하여 만든 문제로서는 독창적인 것이다.

이 그림도 전과 같은 테잎 그림으로 하여 구하는 것이 같다. 문제에 알맞게 테잎 그림을 세로로 놓고 설명하였다.

• 단위를 바꾼 문제

〈학생 D〉

35층의 건물 위에 다시 증축하여 58층이 되었다. 증축한 건물은 몇 층입니까?

이것도 발상으로는 학생C와 꼭 같다고 할 수 있다. 단지, 이제까지 길이를 다루고 있었지만, 건물의 층 수로 한 곳이 다르다. 이 차이를 인정하고 칭찬해 주니까 발표한 학생D는 대단히 기뻐하였다.

그런데, 비슷한 내용의 문제가 계속되면, 처음의 문제로부터 조금 다른 문제를 만든 학생의 문제도 발표시키고 싶어진다.

• 제거의 문제

〈학생 E〉

58cm의 끈에서 23cm만 잘라냈습니다. 끈의 나머지는 몇 cm일까요?

수치는 처음 문제 그대로의 문제이다. 그러나 이 학생은 처음의 문제를 뺄셈으로 이해하고 그것을 바탕으로 문제를 만들었다고 평가할 수 있다. 처음의 문제 상황은 덧셈의 상황을 상정하였다.

그러므로, 덧셈의 역인 뺄셈으로 답을 구하도록 요구하였다. 이렇게 만들어진 문제는 그대로 나머지를 구하는 뺄셈이 되는 것이다.

이것을 그림으로 나타내게 해 보면 이 학생은 다음과 같이 그렸다.

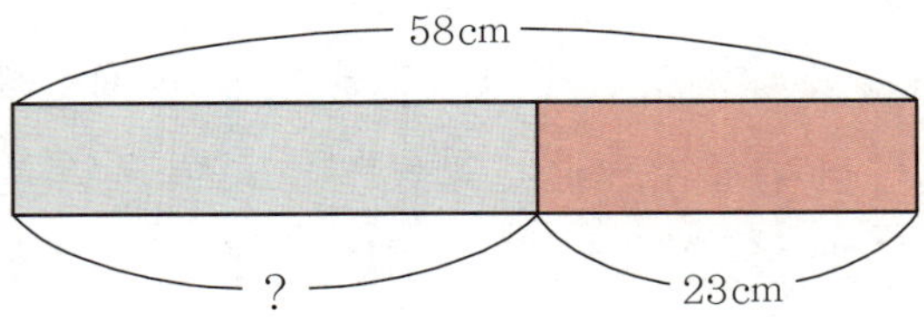

• 덧셈의 문제

〈학생 F〉

35cm의 실에 23cm의 실을 이으면 몇 cm가 될까요?

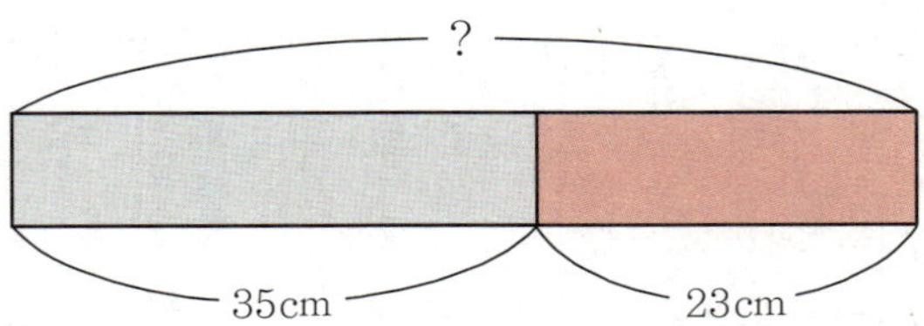

이것은 학생 자신이 그린 그림으로 나타내진 바와 같이 완전한 덧셈의 문제가 된다.

수치는 바뀌지 않았지만, 이것을 처음 문제와 비교해 보면 역의 문제로도 말할 수 있다.

4) 문제끼리의 관련

이와 같이 만들어진 문제를 사용하여 수업을 하고 난 최후에, 처음의 문제와 비교한다.

• 모델의 테잎 그림을 이용한다

「처음의 문제는 이 그림의 어디와 어디를 알고, 어디를 구하는 문제였지요?」

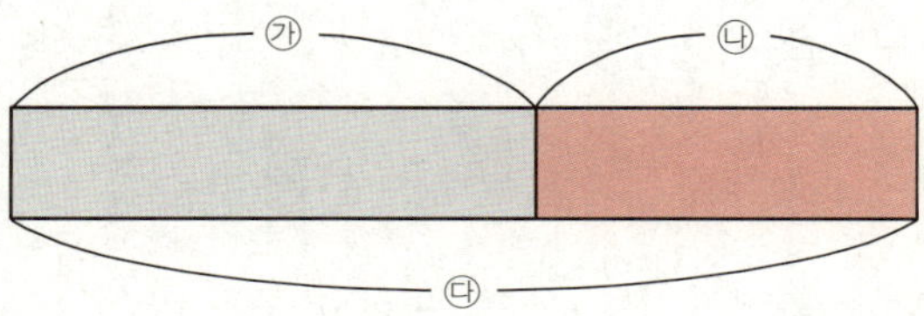

「㉮와 ㉰를 알고 있었습니다. 그러므로 ㉰에서 ㉮를 뺐습니다.」
「그렇게 했지요. 그런데 E양의 것은 어떻습니까?」
「㉰와 ㉯에서, ㉰에서 ㉯를 빼어 ㉮를 구합니다.」
「그러면, F양의 것은 어떨까?」
「㉮와 ㉯를 더하여, ㉰를 구했습니다.」

• 덧셈과 뺄셈의 상호관계를 이해시킨다

하나의 그림에서 같게 나타낼 수 있는 상황이 여기 있다. 문제는 덧셈이 될 수도 있고 뺄셈이 될 수도 있다. 즉, 덧셈과 뺄셈은 같은 구조 속에서 구하는 것이 다르다는 것을 알아차린다.

학생이 만든 문제를 이용하여, 수치나 상황은 다르더라도 모델이 되는 테잎 그림을 사용하여 이것을 이해시키는 것이 가능하게 된다.

물론 구체적인 문제는 죽순이나 끈, 집의 높이 등이 된다. 그러나, 이 테잎 그림에 그것을 추상하게 하여 테잎의 길이로 수량을 파악한다는 것을 이해시키면서 사용하지 않으면 안된다는 것은 말할 필요도 없다.

3 이 수업에서의 문제 만들기

1) 처음 문제의 구조

이 수업에서 문제 만들기는 문제의 구조를 하나의 테잎 그림을 이용하여 모델로 하였다.

처음의 문제는 그림의 오른쪽 ㉯가 X로 되는 경우였다. 그러나 문제 상황은 덧셈이었다. 그러므로, 답을 구하는 것은 ㉮+X=㉰의 X를 구하는 뺄셈인 것이다.

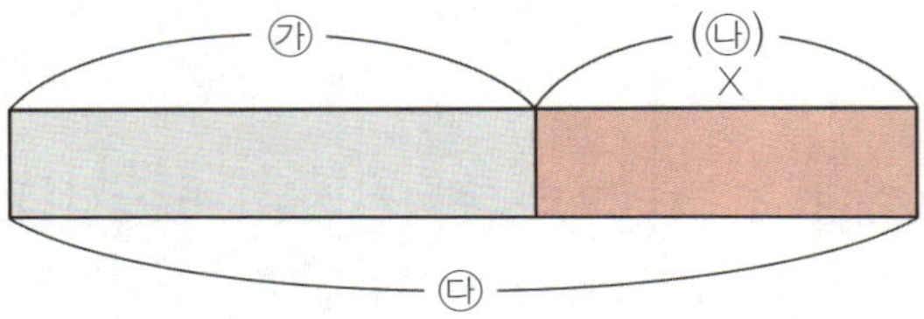

㉮ + X = ㉰
↓
X = ㉰ − ㉮

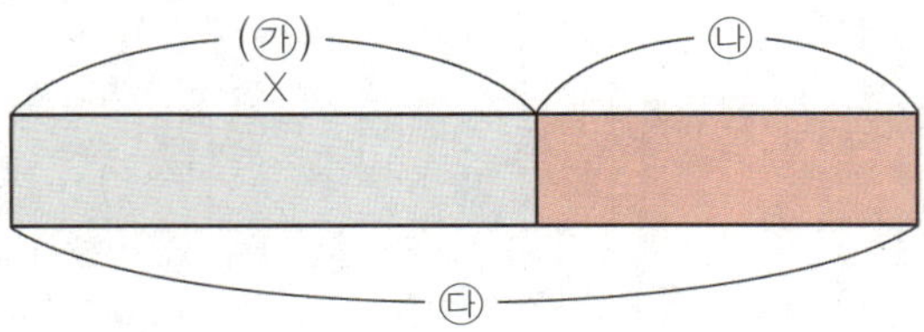

X + ㉯ = ㉰
↓
X = ㉰ − ㉮

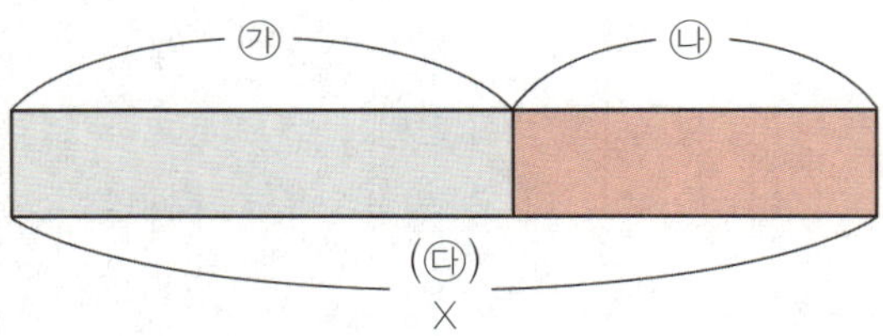

㉮ + ㉯ = X

2) 역의 문제를 사용하여 상호관계를 알아차리게 한다

이 문제를 바탕으로 하여 문제를 만들게 하면, 당연히 이 문제와 구조가 같게 되는 것이 가장 많지만, 그 중에는 반드시 역 상황의 문제를 만들어 낸다.

여기서 말하는 역이라고 하는 것은 앞의 문제가 ㉰와 ㉮에서 ㉯를 구한 것에 대하여 ㉮나 ㉰를 구하는 문제를 말하는 것이다.

즉, 위의 그림과 같이 하나는 X+㉯=㉰에서 X=㉰−㉯를, 또 하나는 ㉮+㉯=X가 되는 문제이다.

교과서에 자주 나오는 비슷한 그림을 직접 보면서 그 상호관계를 이해시키는 것이 아니라, 여기서는 학생이 만든 문제를 사용하여 그것을 하려고 하는 것이다.

• 사후의 공통 문제

수업 후에 과제지로부터 선발한 다음의 4개의 문제는 그러한 전형적인 것이기도 하다.

공통 문제로서 학급의 전원에게 하게 하니까 어느 문제도 이해를 잘 하고 있었다.

〈가〉

43㎝의 막대 끝에 막대를 또 이으니까 54㎝가 되었다. 이은 막대의 길이는 몇 ㎝가 됩니까?

〈나〉

울트라맨 카드가 사진첩에 35장 붙어 있습니다. 이제부터 붙일 카드는 25장 있습니다. 합해서 몇 장의 카드가 있습니까?

〈다〉

58㎝의 끈에서 23㎝를 잘라내었습니다. 남은 끈은 몇 ㎝일까요?

〈라〉

35층의 건물 위에 건물을 다시 증축하였더니 58층이 되었습니다. 증축한 건물은 몇 층일까요? (수업에서 소개한 학생 D의 것)

물의 들이

얼마나 들어갈까?
— 용기에 들어갈 물의 양을 잰다

1 이 수업을 실천하기 위하여

1) 본 시에 관련한 단원의 목표와 지도계획

길이의 학습과 같이 물의 들이에 관한 학습에서도 보편 단위의 필요성을 학생에게 깨닫게 하는 것이 중요한 요점이다. 지도 목표는 다음과 같다.

지도목표

들이는 길이와 같이 기준이 되는 단위를 정하면, 그 단위의 몇 개 분으로 잴 수가 있고, 그것을 수치화할 수 있다는 것을 이해시킨다.

지도계획은 다음과 같다.

지도계획

1차: ㅇ 들이 측정의 의미
ㅇ dL를 사용하여 들이 재는 법
ㅇ L를 사용하여 들이를 재는 법
2차: ㅇ L와 dL의 관계를 이해
ㅇ 여러 가지 단위의 용기를 사용하여 용기의 양을 재는 것으로부터 문제만들기 (본 시간)
3차: ㅇ 들이의 가감 계산 방법
ㅇ 정리

2) 본시의 목표와 유의점

본 시의 목표

정해진 용기의 들이를 3종류의 측정 기구를 사용하여 연구하여 측정함으로써, 스스로도 비슷한 상황의 문제를 만들어 낼 수 있다는 것.

• 유의점

이 시간의 목표는 위와 같은데, 그렇게 하기 위해서는 모든 학생이 조작할 수 있는 도구를 실제로 준비할 필요가 있다.

종이 위에서만 생각하게 하더라도 모든 학생에게 생각하게 하는 것은 무리가 있다. 가능하면 사전에 여러 가지 용기를 주위에서 모아 놓고, 문제 만들기를 할 때에는 그러한 구체물을 보여 주는 것도 유효하게 된다.

2 이 수업의 전개

1) 병에는 얼마만큼 물이 들어갈까?

• 병을 교재로

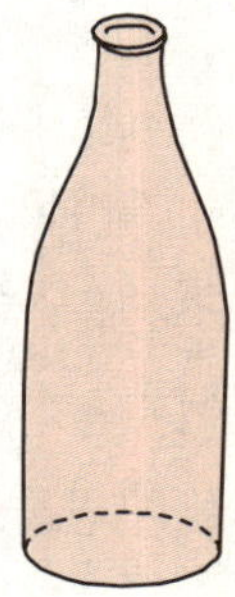

오른쪽과 같은 됫 병을 준비한다. 수업은 물을 사용할 수 있는 과학실과 같은 곳에서 하면 좋다.

「자, 이 병은 어떤 병인지 알고 있습니까?」라고 물으면, 맥주 병이라든가 사이다 병이라든가 간장 병이라고 말한다.

그래서, 다음과 같이 묻는다.

• 얼마만큼 들어갈지 예상한다

「그러면 이 병에는 얼마만큼의 물이 들어갈 수 있을까?」

「3L」, 「2L」, 「1L 하고 5dL」 아니, 「1L」 등으로 여러 가지 예상이 나온다.

이 시간의 전 시간에는 1L 들이와 1dL 들이를 사용하면서 각자가 가지고 온 물통의 물의 양을 비교했으므로, 물을 재는 단위에 대해서는 이미 알고 있다.

그래서, 실제로 이 병에 어느 정도의 물이 들어갈지를 1dL들이를 사용하여 조사해 본다. 처음에는 교사가 시범을 보이는 것이다.

• 1dL 용기로는 18잔

1dL 용기로 18잔. 즉 18dL 들어가는 것을 보인다. 학생들은 예상이 맞았다 틀렸다고 떠든다.

2) 3가지 용기를 사용하여 조사해 보자

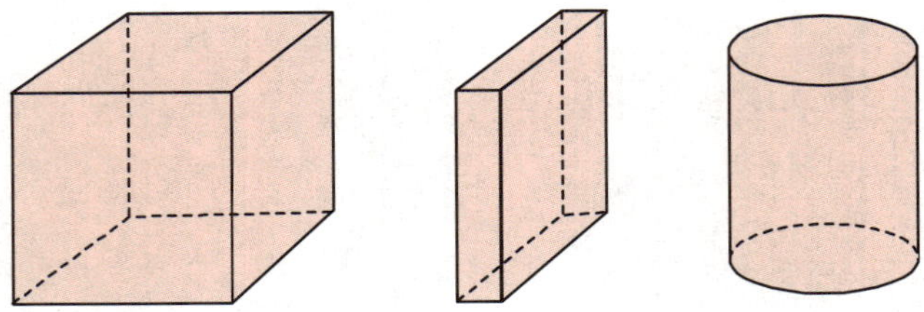

1L 용기　　1dL 직6면체 용기　　5dL 용기

그리고 이번에는 학생들 자신에게 조사하게 한다. 그 때는 다음과 같은 조건을 붙인다. 물의 양을 재는 용기는 위의 그림과 같이 3종류가 있으므로 이것을 사용하여 해 보라고 한다.

학생들에게는 다음과 같은 문제를 줄 수 있다.

• 처음의 문제

> 큰 병에는 물이 18dL 들어갑니다. 1L용기와 5dL 용기, 1dL 용기를 어떻게 사용하여 물을 넣으면 병이 가득 차게 됩니까?

이것이 뒤의 문제 만들기에 관계되는 「처음의 문제」가 된다.

그런데, 실제로 책상 위에서 조별로 큰 병에 넣을 18dL의 물을 재게 한다. 3가지 용기를 사용하므로, 방법이 한 가지는 아니다. 이것이 이 문제의 재미있는 점이다.

얼마간 자유롭게 하게 한 후에, 여러 가지 방법을 발표하게 한다. 하나의 조에서 몇 가지 방법을 발견하고 있지만, 그 중에서 하나 만을 발표하는 것으로 한다. 방법을 설명하면서 교실 앞의 책상에서 모두에게 해 보인다.

3) 어떤 방법이 있을까?

• 1L + 5dL + 1dL

[A조]

「1L와 5dL와 1dL가 3잔입니다.」

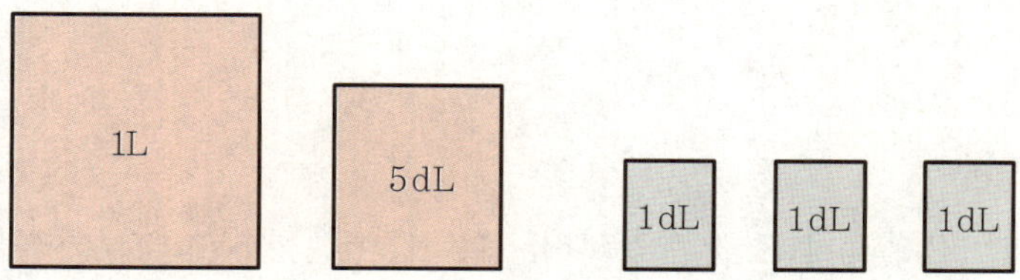

그림은 교사가 흑판에 첨가하여 알기 쉽게 해 준다. 「아아! 벌써 발표되었다」라는 소리가 들려 왔다. 그러나 다른 방법을 발견한 곳은 꼭 발표하고 싶다고 한다. 그래서 다음 조의 발표.

• 1L × 2 − 2dL

[B조]

「1L 들이 2잔에 물을 넣어 두고, 거기에서 1dL를 2잔 빼었다.」

역시, 발표하고 싶었던 것이다. 다른 학생에게는 그다지 생각할 수 없는 발상이다. 다른 학생들도 「와-」하고 놀라는 얼굴을 한다. 잘 모르겠다고 하는 학생도 있다. 그래서, 전과 같이 그림으로 설명하게 된다.

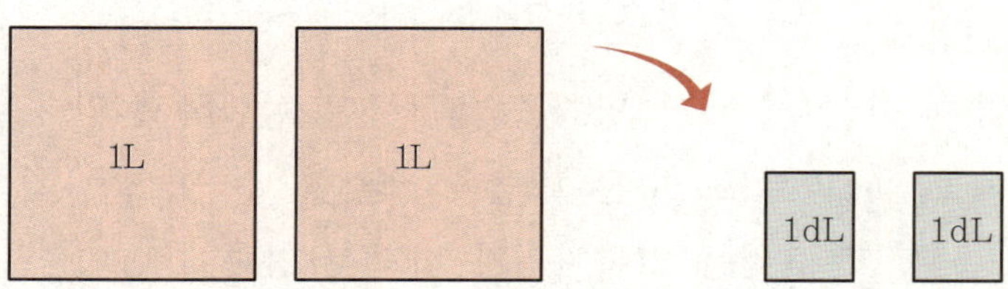

이것을 그림으로 설명해 보면, 「앗, 이것은 뺄셈으로 생각한 것이다.」

라고 하는 학생이 나온다. 이렇게 중얼거리는 학생에게 좀 더 확실하게 말하도록 하면, 다음과 같이 설명한다.

「2L는 10dL가 2개로, 20dL입니다. 그러므로 20-2=18로 18dL가 됩니다.」이런 설명으로 드디어 다른 학생들도 납득될 수 있다.

그런데, 18dL를 재는 방법은 다르게도 할 수 있다. 이하에서 그 방법만을 소개한다.

• 5dL × 3 + 3dL

[C조]

「5dL 3개와 1dL 3개입니다. 1L 들이는 사용하지 않습니다.」

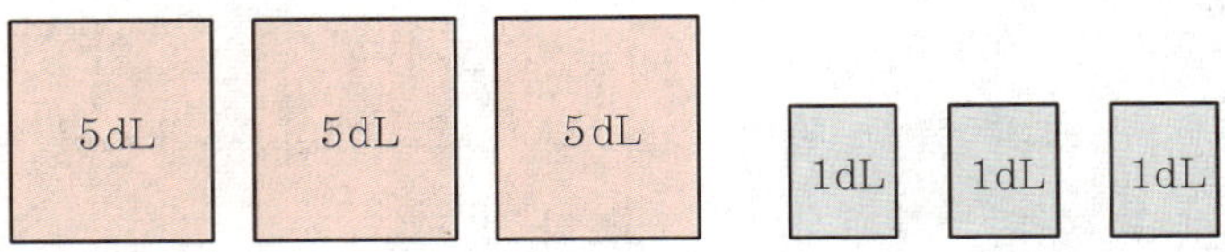

• 5dL × 2 + 8dL

[D조]

「5dL 2잔에 1dL 8잔을 더합니다.」

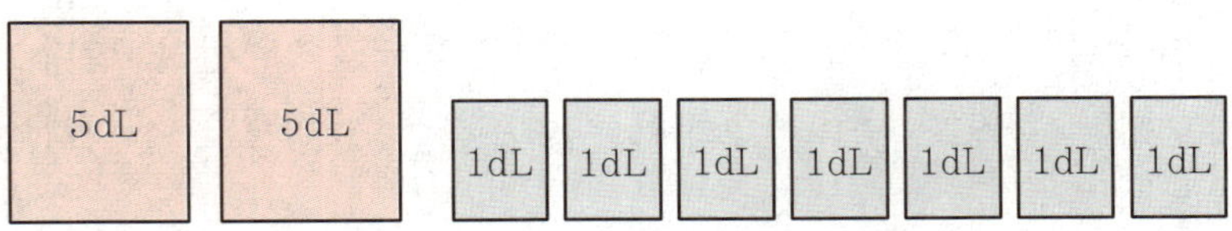

이와 같이 여러 가지 방법을 연구하여 실험하고 있다. 개별적으로 과제지에도, 이후에 또 다른 방법을 생각할 수 있으면 기록해 두도록 말할 즈음에 그 요령을 알아차리자 마자 유창하게 방법을 쓰는 학생이 보였다.

S군 등은 다음과 같이 10종류나 쓰고 있다. 18의 합성·분해를 자유

롭게 할 수 있는 학생이라고 말할 수 있다.

• 유창하게 생각하는 학생의 예

〈S군의 과제지에서〉

① 1L를 1회, 5dL를 1회, 1dL를 3회
② 5dL를 3회, 1dL를 3회
③ 1L 2회에서 1dL 2회분을 뺀다
④ 1dL를 18회
⑤ 5dL를 2회, 1dL를 8회
⑥ 5dL 4회에서 1dL 2회분을 뺀다
⑦ 1dL 20회에서 1dL 2회분을 뺀다
⑧ 1L 3회에서 12dL를 뺀다
⑨ 5dL 5회에서 7dL를 뺀다
⑩ 1dL 25회에서 7dL를 뺀다

이 과제지를 보면, 끝의 부분은 단지 머리 속의 계산만으로 생각하고 있는 것을 잘 알 수 있다.

4) 스스로 실험해 보고 싶은 문제를 생각한다

실제로 실험을 하면서 생각한 이 문제를 바탕으로 하여, 스스로 해 보도록 하면, 어떤 것을 어떻게 하여 재어보고 싶은지를 묻게 된다. 드디어 문제 만들기 이다.

• 문제 만들기로의 발문

「자! 지금은 선생님이 가지고 온 큰 병으로 재는 방법을 여러 가지로 생각했습니다만, 이것을 바탕으로 하여 자신이 해 보고 싶은 문제를 스스로 생각해 봅시다.」

이와 같은 발문으로 앞에서 소개한 처음의 문제를 확실하게 문장화하여 흑판에 써 준다.

• 질문

「큰 병이 아니라도 됩니까?」

「자기가 넣고 싶은 것을 얼마만큼 들어가는지 마음대로 정해도 좋습니까?」

「들이는 1L와 5dL, 1dL를 사용합니까?」

이런 질문이 많이 나온다. 여기서 평상시 자기 주위에 많이 접하는 것을 넣어도 된다는 것과 들이는 자유로이 사용해도 좋다고 한다. 그리고 자기가 만든 문제는 일단 과제지에 쓰도록 한다.

만들어진 문제의 몇 개를 소개한다.

• 학생들의 문제 예

〈학생 H〉

물통에는 47dL의 물이 들어갑니다. 1L 용기와 1dL 용기를 어떻게 사용하면 물통이 가득 찹니까?

〈학생 I〉

물통에는 물이 19dL 들어갑니다. 5dL 용기와 1dL 용기를 어떻게 사용하여 물을 넣으면 물통에 물이 가득 찹니까?

〈학생 J〉

내 물통은 700mL 물이 들어갑니다. 50mL 용기와 1dL 용기를 어떻게 사용하여 넣으면 좋을까요?

〈학생 K〉

물통에 우선 2L의 물을 넣었다. 또 6dL를 넣고, 이번에는 8dL를 빼냈다. 물통의 물은 몇 dL가 되었습니까?

〈학생 L〉

간장 병에는 2L3dL 들어갑니다. mL 용기로 재면 몇 mL 들어갑니까?

H군과 I양은 각각 처음의 문제와 닮은 문제를 생각하고 있다. 사용하는 용기가 모두 2종류로 되어 있는 것뿐이다. 다른 태반의 학생이 이런 형태의 문제를 만들었다.

학생 주위의 용기에 접할 기회가 많은 학생은 문제에 나오는 용량이 적절하지만, 등장하는 용기와 그것에 맞는 용량이 적절하지 않은 것도 얼마간 나오게 된다.

• 새로운 단위를 사용하여

또 J군은 mL 단위를 사용하고 있다. 최근에는 실제로 용기의 단위가 mL가 많다. dL 단위는 거의 보이지 않는다. 이런 것에 학생들의 날카로움이 있다고 할 수 있다.

K군의 문제는 말하자면 역의 문제이다. L군의 문제는 L, dL와 mL와의 단위 환산의 문제이다.

처음의 문제에서 파생적으로 나온 문제이지만, 이것을 사용하면 용량을 재는 단위가 여러 가지 있음을 알게 할 수도 있고, 그것이 길이와 같이 십진수 구조를 가지고 있는 미터법에 기초하는 것도 접할 수 있음이 가능하다.

dL와 mL 사이에 흔히 사용되지 않는 cL(센티리터)가 있는 것도 소개할 수 있다. 그렇다면, 학생들이 생활 중에서 여러 가지 용기를 주의하여 보게 하는 것도 기대할 수 있는 것이다.

3 이 수업에서의 문제 만들기

1) 양과 측정에서의 문제 만들기

양과 측정의 영역에서 문제 만들기의 예이다. 여기서는 물통의 들이를 학습하는 상황이다. 학생들은 이제까지 길이를 학습하고 있다.

따라서 단위의 길이를 정하면, 그것의 몇 개분으로 재려고 하는 것의 길이를 수치화 하는 것은 경험적으로 알고 있다.

그러나, 학생에게 있어서는 길이와 물의 들이를 같은 것, 같은 양으로 보기는 어렵다. 자신의 손으로 직접 실험해 가는 중에 단위량의 몇 개분으로 잴 수 있다는 것을 실감하는 것이다. 그런 후에 단위를 정하는 법이 10배, 100배, … 또는 $\frac{1}{10}$, $\frac{1}{100}$, …가 되는 관계로 다른 것이 사용될 수 있는 것을 깨닫는다. 이 때, 길이와 물의 들이가 재는 방법에 있어서 비슷하다는 것을 발견하는 것이다.

이번은 큰 됫병을 준비하였다. 이것에 물이 어느 정도 들어가는 지를 실제로 조사하게 하였다. 이 때, 학생들에게는 1L와 5dL, 1dL의 3종류의 용기를 사용하게 한다. 학생들은 연구하여 이들 용기를 자유로이 사용하여 물의 들이를 재게 한다. 합계 18dL인 것은 모두 같지만, 그 재는 방법이 다르며 여러 가지이다. 이것을 문제 만들기의 처음의 문제로 한 것이다.

• 처음의 문제가 열려있다

즉, 처음의 문제가 열린 문제로 되어 있는 것이다. 그러나 실험과 함께 문제가 설정되어 있는 것이 이 문제의 특징이라고 말할 수 있다.

그러므로, 학생들이 만들고 있는 문제도 태반이 열린 문제로 되어 있다. 그러나, 몇 개의 문제에서는 그때마다 주의를 하고 있지 않기 때문에 단순한 문제로 된 것도 있다. 앞에서는 소개하지 않았지만, 다음과 같은 예이다.

• 학생의 문제에 대한 음미

「콜라 병에 물이 9dL 들어갑니다. 1dL 용기로 몇 번 넣으면 됩니까?」

이것은 용기를 1종류로 제한해 버렸기 때문에 단순한 문제화 해 버린 것이다. 그러나, 2학년 학생으로 이것이 보잘 것 없는 문제는 아니다. 왜냐하면 하나는 이것이 이 단원에서 가장 파악해 두고 싶은 기본적 내용을 모두 담고 있기 때문이다. 9dL는 1dL의 9개분이라고 하는 것이 확인될 수 있는 것이다.

또 하나는 문제 만들기의 기본적인 사고방법에서 생각하면, 어떤 문제에서도 학생 자신이 만들고 있다고 하는 활동이 된다는 것이다. 스스로 문제를 만들 수 있었다고 하는 기쁨을 2학년 학생이 체험하고 있는 것이다.

이들 2가지 이유에서 이 문제를 보면 가치있는 문제로 다시 보게 되는 것이다. 교사는 이러한 견해를 가지고 학생의 문제를 주시하는 눈이 필요하다.

길이의 문제

테잎이 겹치는 것을 어떻게 할까?
— 문제 만들기의 방법을 정리한다

1 이 수업을 실천하기 위하여

1) 본시에 관련한 단원 목표와 지도 계획

본시는 특별히 설정한 문제해결 상황을 다루는 것이다.

지도목표

겹치는 부분이 있는 길이의 문제를 해결하고, 다른 상황으로의 발전을 스스로 생각할 수 있다.

이를 위하여 지도계획을 다음과 같이 한다. 단지, 이것의 취급은 길이의 학습, m 단위나 m와 ㎝ 상호관계의 학습 후에 하면 좋다.

지도계획

1차: ○ 겹치는 부분이 있는 길이의 문제해결과 그것으로부터 문제 만들기 (본시)

2차: ○ 만들어진 문제를 공통 문제로 하고 그 해결
○ 자기가 만든 문제를 음미하고 그 해결

2) 본 시의 목표와 유의점

본 시의 목표

테잎을 사용한 겹침이 있는 길이 문제를 해결한다. 또, 그 문제를 바탕으로 하여 새로운 문제를 만들고, 만들어진 문제를 보고 문제 만드는 방법을 정리한다.

• 유의점

이 시간에는 학생들 각자에게 테잎을 가지게 하여, 손으로 중복되는 부분 1개를 뺀다는 것을 확인시키고 싶다. 이 문제가 하나의 모델이 되어 테잎을 다른 것으로 하면 어떻게 될까하는 발상이 떠오르게 된다.

2 이 수업의 전개

1) 고리 모양 장식품을 만들자

15cm로 자른 테잎을 많이 준비한다. 학생 1명에게 2개씩 나누어 줄 수 있게 한다.

• 문제 상황의 설정

「오늘은 학생회를 위해 장식을 하는데 테잎으로 고리 장식을 만들고 싶은데, 그 전에 이 테잎을 사용하여 수학 공부를 합시다.」

「모두에게 나누어 준 것은 1개가 15cm인 테잎이다. 이것을 2cm씩 풀을 붙여 연결하면 전부 몇 cm가 될까요?」

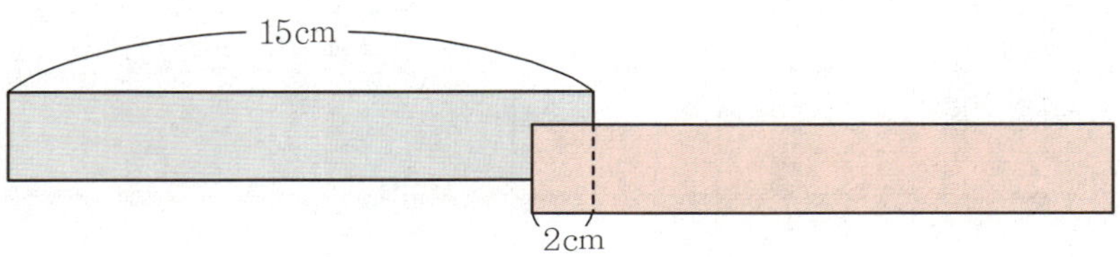

이와 같이 문제 상황을 설정하고, 문제는 다음과 같이 확실하게 판서해 둔다. 문제를 문장화해 두면, 나중에 문제 만들기를 할 때 효과적이다.

• 문장화하여 판서

> 15cm의 테잎이 2개 있습니다. 2cm 풀을 붙여 연결하였습니다. 전부 몇 cm가 될까요?

많은 학생들은 가지고 있는 테잎을 실제로 연결하여 본다. 자로 2cm를 재어서 거기에 선을 긋고 또 다른 테잎을 겹쳐서 전체의 형태를 본다. 전체를 자로 재는 학생도 있다.

한 동안 자유롭게 해 보고 공책에 생각한 것을 쓴다. 식으로도 표현하려고 한다.

2) 2개로 몇 cm인가?

몇 사람의 다른 생각을 추출하여 앞에 나와서 흑판에 자기의 생각을 쓰게 한다.

• 연결하면 몇 cm인가?

(M양)	28cm			
(K군)	15−2=13	13+15=28	28cm	
(S군)	30−4=26	26cm		
(T양)	15+15=30	30−2=28	28cm	
(N군)	15−2=13	13+13=26	26+2=28	28cm

이러한 생각이 나왔다.

M양과 S군에게 질문이 집중된다.

「M양의 것은 단지 28cm로 썼는데 어떻게 그것을 알았습니까?」

「자로 재었습니다.」

• 다른 길이의 경우는 어떻게 할까?

「그러나, 그것으로는 다른 길이의 테잎을 연결할 때에도 또 재지 않으면 모르게 되요.」 다른 길이의 경우에도 라는 의견이 나오게 되는 것은 몇 번 문제 만들기를 경험한 효과이다.

• 틀린 답에 대한 음미

「S군의 것은 26cm로 되어 있는데, 28cm가 옳은 답입니다.」

「그런데 풀을 붙이는 것이 2cm이므로, 2중으로 겹치니까 4cm이지요. 15cm의 테잎이 2개로 30cm이므로 30−4로 26cm가 된 것입니다.」

「그렇게 해서는 틀린다고 생각합니다.」

S군은 자기가 한 것이 옳다고 고집하고 있습니다. 다른 학생들은 그것을 수정시키고 싶었지만 좀처럼 잘 설명할 수 없다. 그래서 다른 식을 쓴 학생에게 설명해 주도록 하였다.

「그러면, 28cm로 한 사람의 이야기를 들어봅시다. S군과 또 S군과 같이 쓴 학생들도 잘 들으세요.」

• 겹친 곳의 처리에 대한 설명

K군, T양, N군은 모두 28cm이지만, 그 답을 내는데 대한 생각이 다르다.

「한 쪽의 테잎이 다른 쪽 테잎의 위에 있으므로 왼쪽의 것은 15㎝에서 2㎝를 빼고, 오른쪽 것은 그대로 더하면 됩니다.오른쪽 테잎이 왼쪽 테잎을 먹어버립니다.」라고 K군은 앞에서 테잎 모형을 사용하여 설명한다. 먹어버린다는 것은 어린 학생다운 표현이다.

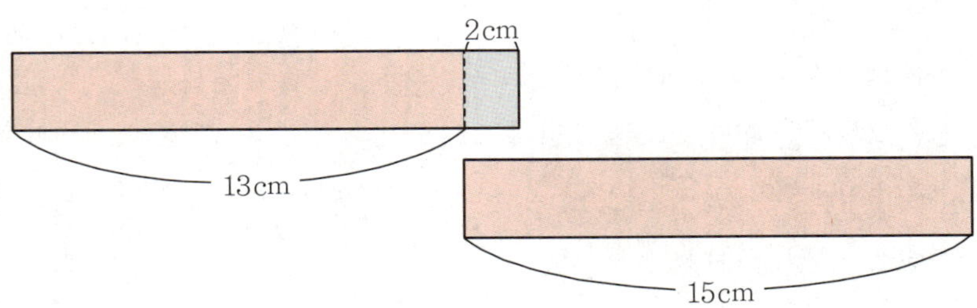

「나의 것은 15㎝가 2개니까 그대로 더하면 15+15=30으로 이것은 풀부치는 곳이 없으면 30㎝가 됩니다. 그리고 풀부치는 2㎝를 1개분만 빼면 됩니다.」하고 T양의 설명.

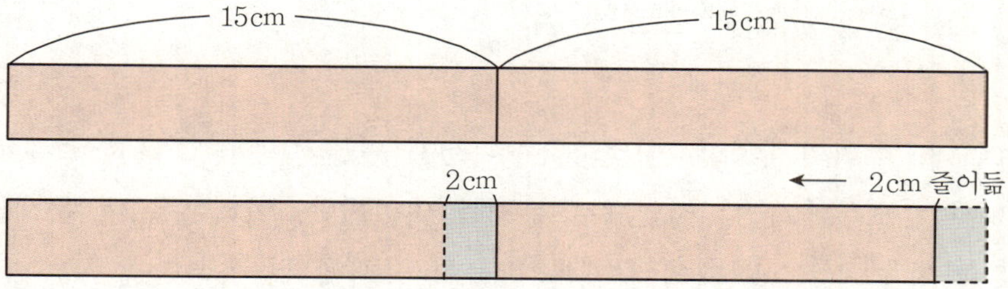

N군은 번거로운 방법이지만, 다음과 같이 말한다.

「15㎝의 테잎으로 양쪽에 풀 부치는 2㎝를 빼면 양쪽 모두 2㎝를 빼 버립니다. 그러나 13+13=26으로는 풀 부치는데 사용한 부분이 없어지므로, 전체의 길이를 구할 때에 풀을 부치는 2㎝를 뒤에 더합니다.」

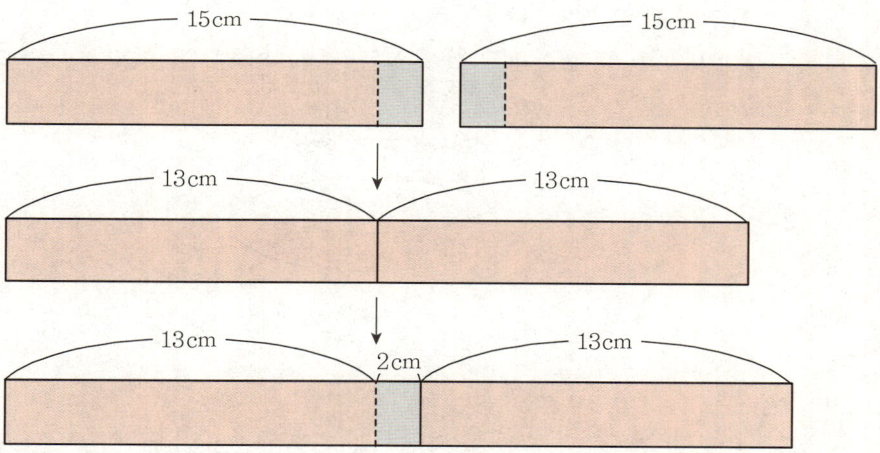

각자가 자신의 가장 알기 쉬운 생각으로 식을 나타내고 있다. 이것을 듣고 있던 S군도 알았다고 하며 납득한다. S군은 처음의 K군의 「먹어버렸다」고 하는 것이 알기 쉬운 것 같았다.

3) 이 문제를 바탕으로 하여

그런데, 수업의 후반은 이것과 닮은 문제 만들기이다.

「교사는 모두에게 이 테잎으로 문제를 내었지만, 여러분은 이 문제를 바탕으로 하여 스스로 몇 개의 문제를 만들어 공책에 써 봅시다.」

10분간을 문제 만들기 시간을 주므로, 그것의 발표는 몇 개만 한다. 하나하나 세밀하게 음미하는 것은 다음 시간에 하는 것으로 하고, 우선 학급 전체를 둘러보고 두드러진 것을 몇 개 소개해 준다.

• 테잎을 고리 상태로 한 문제

〈K양의 문제〉

15cm의 테잎이 2개 있습니다. 2cm를 풀을 붙여 고리 장식을 만듭니다. 1개의 고리는 둘레가 몇 cm가 됩니까?

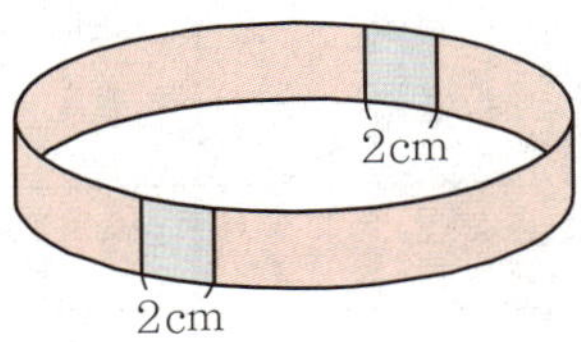

• 사물, 수치, 겹치는 부분의 길이나 겹치는 방법을 바꾼 문제

〈A양의 문제〉

1m의 끈을 3개 연결합니다. 연결하는 곳은 각각 10cm씩 사용합니다.
길이는 전부하여 얼마가 됩니까?

• 테잎의 개수를 늘리고 풀부치는 곳의 길이를 바꾼 문제

〈T군의 문제〉

20cm의 테잎이 5개 있습니다. 4cm를 풀을 붙여 연결합니다.
모두 몇 cm가 될까요?

• 구체적인 높이의 상황을 사용한 문제

〈N군의 문제〉

길이 2m의 막대를 사용하여 천장에서 바닥까지를 재었습니다. 천장에서부터 재고 다음에 바닥까지 재니까 50cm가 되었습니다. 바닥에서 천장까지 몇 m 몇 cm일까요?

• 2개의 테잎의 길이를 바꾼 문제

〈U양의 문제〉

길이가 15cm와 12cm의 테잎을 연결합니다. 3cm겹쳐 붙이면 전체의 길이는 몇 cm가 될까요?

• 사물을 바꾼 문제

〈S군의 문제〉

15cm의 플라스틱 자가 2개 있습니다. 2cm 겹쳐서 테잎으로 연결했습니다.
전부 몇cm가 되었을까요?

• 겹치는 부분이 없는 문제

〈Y군의 문제〉

1개의 자가 부러져 17cm와 13cm로 되었다. 2개를 본드로 연결하면 몇cm가 됩니까?

• 풀부치는 부분이 없는 조건부족의 문제

〈I양의 문제〉

20cm의 테잎이 있습니다. 2개 겹쳐서 연결하면 전부 몇cm가 됩니까?

4) 어디를 어떻게 바꾸었는가?

이들 문제를 소개하는 중에, 각각의 문제가 어디를 어떻게 바꾼 문제인지를 묻고, 문제 만드는 방법을 정리해 준다.

• 문제 만들기 방법을 정리하여 판서

우선, K양의 문제에서는, 「K양의 문제는 선생님의 문제에 따른 문제를 만든 것입니다. 선생님의 것은 고리모양 장식을 만든다고 했지요. 그러므로 고리를 사용한 문제입니다. 풀을 붙이는 곳은 2번입니다.」

〈판서〉

① 풀을 2번 붙여서 고리로 하였다
② 테잎을 끈으로 하였다
③ 끈의 수 ④ 연결하는 부분을 10㎝
⑤ 연결 방법 ⑥ 테잎의 수
⑦ 풀부치는 부분의 길이
⑧ 천정에서 바닥까지의 높이
⑨ 2개의 테잎의 길이가 다르다
⑩ 자를 연결한다
⑪ 풀부치는 부분이 없다
⑫ 풀 수 없다(풀 부치는 부분의 길이를 모르니까)

「A양의 것은 테잎이 끈으로 1m, 3개, 연결하는 곳이 10㎝라고 하는 곳이 바뀌어져 있습니다.」

「또 있습니다. A양의 것은 연결하는 부분이 양쪽에서 10㎝씩 취하니까 앞의 것과 다릅니다.」

「T군의 것은 테잎이 5개 있고 풀 부치는 곳도 4㎝로 되어있습니다.」

「N군의 것은 테잎이 아니라 천정에서 바닥까지의 길이를 조사하는 문제입니다.」

「U양의 것은 2개의 테잎의 길이가 다릅니다.」

「S군의 것은 자의 문제이다.」

「Y군의 것은 풀을 부치는 곳이 없다. 본드로 연결하니까, 그대로 더하면 됩니다.」

「I양의 것은 얼마만큼 겹쳐도 좋은지 알 수 없습니다. 이대로는 풀 수 없습니다.」

• 이후의 문제 만들기를 위한 참고

문제 만드는 방법 각각의 특징을 파악하여 둔다. 이것을 정리해 두는 것이 이후의 문제 만들기 활동에 상당한 영향을 준다.

2학년 정도에서는 위의 네모 안과 같이 꽤 구체적으로 써 두는 것이 좋다. 추상적으로 쓰면, 오히려 혼란을 초래하게 되기 때문이다.

3 이 수업에서의 문제 만들기

1) 길이 단원 후에 설정한 문제해결 상황

이 수업은 특별히 따로 실시한 문제해결의 시간이다. 그러나, 이 앞에 길이에 대한 학습을 해 왔다. 그러므로 길이의 문제를 사용하여 겹치는 부분이 있는 하나의 상황을 채택하고 있는 것이다.

학생들의 문제 만들기 방법에도 그 영향이 나타내져 있다. 예를 들면, 문제해결 중에서도 실제의 테잎을 사용하면서도 자를 사용하여 재어서 답을 구하는 학생이 있다. 또, 만든 문제 중에 테잎 대신에 자를 재료로 하고 있는 것도 있다. 또는 천정에서 바닥까지의 길이를 2개의 막대를 사용하여 재는 상황을 가져 온 것도 있다.

이들은 길이를 공부할 때에 실제로 잰 곳을 재료로 하여 선택하고 있는 것이다. 보통의 수업에 열중하며, 경험하는 것 등이 그대로 학생들의 문제에 나타난다고 하여도 과언은 아니다.

2) 소개하는 문제의 취급 방법

그런데, 학생들이 만든 문제를 소개할 때에 어떤 문제를 다루어야 하는지를 생각해 본다. 여기서 채택한 8개의 문제는 무작위로 채택한 것은 아니다. 얼핏보아 다른 학생들에게는 아무렇게나 채택하고 있는 것같이 보일지라도 그것은 오히려 좋은 것이다. 교사의 생각 속에는 처음부터 몇 가지 시점을 가지고 찾고 있는 것이다.

가. 처음 문제에 가까운 것

3가지 관점에서 문제를 보면서 순시하였다. 하나는, 처음 문제에 가까운 내용을 가진 것. 여기서는 U양, S군, Y군과 같은 문제이다. 즉, 테잎의 길이를 바꾼다, 테잎을 다른 물건으로 바꾼다, 풀 부치는 부분이 없다고 하는 관점에서 문제를 만들고 있는 것이다. 처음의 문제와 같은 구조로 해결 방법을 생각할 때도 거의 같은 생각을 하면, 그만큼 무리하지 않고 풀 수 있다고 하는 것이다.

나. 발전의 전망이 높은 것

제2의 시점은 처음의 문제에서 조금 멀어지고 발전의 전망이 높다고 생각되는 내용의 문제이다. 여기서는 K양, A양, T군, N군의 문제가 그것에 해당한다고 해도 좋다.

즉, 테잎을 고리 모양으로 하는 문제, 식목산으로 말하면, 직선 위의 상황이 원둘레로 연결하는 경우로 바뀌는 것이다. 또, 풀 부치는 부분이 끈과 같이 양쪽에서 묶는 매듭으로 사용하여 그 부분을 전체에서 빼지는 경우이다. 테잎을 더욱 증가하여 일반화하려고 할 때에 타당한 문제나 완전히 문제상황을 바꿀 경우에도 같은 구조를 가지는 상황이 있었나 할 정도의 놀라운 견해 등이 이 시점에 해당하는 것이다.

다. 수정이 필요한 것

제3의 시점은 문제를 막 풀어 보려고 하면, 어떤 수정이 필요한 문제가 그것이다.

구체적으로는 I양의 문제이다. 조건이 부족한 것이다. 이것은 나쁜 문제라고 하는 것은 아니다. 수업 중에는 모두가 보는 눈을 바꾸는 좋은 문제라고 할 수 있다. 전원이 생각하고 수정을 해 가는 활동이 기대되기 때문이다.

이러한 3가지 정도의 시점에서 학생이 만들고 있는 문제를 보고 있으면, 때로는 3가지 시점에서 대표적인 것만을 채택하여 3가지 문제를 음미하게 하면 좋고, 또, 어떤 때는 일반화의 방향에 따라, 한 개만 음미하게 하면 좋을 때도 있다.

본 시와 같이 약간 많은 문제를 열거하고, 학생에게 문제 만드는 방법을 정리한다고 하는 점에 초점을 맞추어 가는 것도 하나의 방법이 된다.

6 3학년의 사례

나눗셈 **몇 사람에게 나눌 수 있습니까?**
— 포함제 문제로부터의 발전

1 이 수업을 실천하기 위하여

1) 본 시에 관련한 단원의 목표와 지도계획

3학년의 나눗셈에 관한 도입부분에서 다룬다.

지도목표

포함제, 등분제의 경우에 대하여 나눗셈의 의미를 이해시키고, 곱셈과 나눗셈의 관계에 대해서도 이해하고 구구를 1회 적용하는 나눗셈 계산 능력을 기른다.

그러기 위하여 다음과 같은 지도 계획을 생각한다.

지도계획

1차: ○ 포함제 의미의 이해
○ 등분제 의미의 이해
○ 나눗셈의 답을 구하는 방법의 이해

2차: ○ 나눗셈의 문제해결과 문제 만들기 (본 시간)
○ 만들어진 문제를 사용한 문제 해결

2) 본 시의 목표와 유의점

이 시간의 목표는 다음의 2가지이다.

본 시의 목표

나눗셈의 문제를 (전체를 나타내는 수)÷(1개 분을 나타내는 수)의 식을 만들어 풀 수 있을 것. 또한 그 문제를 바탕으로 하여 새로운 문제를 스스로 만들고 그 해결을 통하여 나눗셈에 대한 이해를 한층 깊게 한다.

• 유의점

학생이 만든 문제를 충분히 음미하고, 다음 시간에 연결시켜 사용할 수 있는 문제를 선택하는 것이 매우 중요하다.

2 이 수업의 전개

1) 색종이를 나누는 문제

문제만들기 수업을 시작하기 위해 처음에 제시한 문제는 다음과 같다.

• 처음 문제

> 36장의 색종이를 나눕니다. 한 사람에게 9장씩 나누면 몇 사람에게 나눌 수 있습니까?

교과서에 흔히 있는 포함제의 문제이다.

나눗셈 공부를 막 시작한 학생에게 있어서, 이 문제를 푸는 방법은 1가지 방법만이 아니다.

36÷9=4		답 4사람
9×□=36	□=4	답 4사람
9×4=36		답 4사람

이와 같은 답이 태반이며, 답을 구하는 것에 지장은 없었다. 그래서, 다음과 같이 일단의 정리를 해 둔다.

「전체를 나타내는 수가 36장, 한 사람분의 색종이 수가 9장이므로 식은 36÷9가 되네요. 이 답을 구하는데에는 9단의 구구를 사용하여 9×4=36이므로, 답이 4사람이 되는 것을 알 수 있습니다.」

문제 만들기

그런데, 드디어 문제 만들기이다.

「지금 한 문제를 약간 바꾸어 새로운 문제를 만들어 봅시다.」라는 발문으로 시작한다.

• 문제 만들기의 질문

「이것과 관계가 없어도 됩니까?」

「나눗셈이 아니라도 됩니까?」

「색종이가 아니라도 좋습니까?」

「36이 아니면 안됩니까?」

「확실한 답이 나오는 문장을 만듭니까?」

이것은 3학년 학년 초에 학생들이 문제 만들기 수업을 처음으로 경험했을 때 하는 질문이다.

이들 질문에는 대강 자유롭게 만들어도 좋다고 말하지만, 앞의 몇 개의 질문에 대해서는 약간 토론하는 편이 좋다.

• 질문의 의도를 찾는다

처음의 2가지 질문「관계가 없어도 좋습니까?」「나눗셈이 아니라도 됩니까?」에 대해서는 다음과 같이 묻는다.

「관계가 없다고 하는 것은 어떤 것입니까?」

「나눗셈이 아니라고 하는 것은 어떤 것이냐?」

그렇게 하면 구체적인 답이 나온다.

「관계가 없다고 하는 것은 색종이를 나누는 것이 아니라 귤을 나누는 것으로 하고 싶은 것입니다.」

「나눗셈이 아니라고 하는 것은 색종이를 36장씩, 9사람에게 나누어 주는 것으로 하고 싶다는 것입니다.」로 말한다. 이것은 다른 학생들도 듣고 문제 만들기의 하나의 참고도 되는 것이다. 그리고, 드디어 문제 만들기를 시작한다.

3) 만든 문제를 발표한다

4명의 학생에게서 만든 문제를 발표해 받았다.

〈T군의 문제〉

36장의 색도화지를 1명당 9장씩 나누어 주면, 몇 사람에게 나누어줄 수 있습니까?

도화지에 관련한 이 문제를 보고 모두에게 묻는다.

• 어디를 바꾼 것인지를 묻는다

「T군은 처음 문제에서 어디를 어떻게 바꾸어 만들었을까요?」

「색종이가 도화지로 되었습니다. 다른 것은 안 바뀌었습니다.」

"그렇군"하고 확인하고, 도화지의 바뀐 부분에 밑줄을 긋는다.

다음은 O양이다. O양은 문제 2개를 썼다.

〈O양의 문제〉

① 78장의 접는 종이를 5장씩 37명에게 나누어 줍니다. 접는 종이는 몇 장 남습니까?

② 100장의 접는 종이를 70명에게 5장씩 나누어 줍니다. 그 접는 종이는 남습니까 남지 않습니까?

• 불완전한 문제를 음미한다

「선생님, O양의 ①의 문제는 이상합니다. 5장씩 37명에게 나누어 주면 78장의 접기 종이로는 부족합니다.」

「그렇지요, 5장씩 10명이라도 50장, 20명이면 100장이 되어버리네.」

「②의 문제는 확실한 답을 묻고 있지 않습니다. 이상해요.」

「그렇지는 않지요. 남습니까, 남지 않습니까하고 묻고 있으니까 문제는 된다고 생각합니다.」

「그러면, 답은 남지 않는다. 그러나 5장씩 나눌 수 없으니까 역시 이상한데.」

「①이 이상하니까, 누군가 고쳐보지 않을래?」

• 문제의 수정

「36장의 접는 종이를 나눕니다. 5장씩 7명에게 나누어 줍니다. 접는 종이는 남습니까?, 남지 않습니까?로 하면 어떻습니까?」

이 학생은 ①의 문제를 ②와 유사하게 수치를 고치고 살리려고 하는 것이다. 생각이 대단히 좋고 5장씩 7명이라고 하는 것이 마음에 와 닿는다. 36장보다 적게 하고 있는 것이다.

O양의 문제 밑에 빨간 펜으로 고친 문제를 써 넣어 둔다.

더욱이, 발표가 계속된다.

〈M양의 문제〉

27장의 접는 종이를 8명에게 주었습니다. 접는 종이는 몇 장 남습니까?

「M양의 문제는 어떤가요?」

「O양의 것과 닮았다고 생각합니다. 그런데 나머지를 묻고 있습니다.」

• 조건을 명확히 한다

「선생님, 이것은 8명에게 1장씩 나누는 것입니까?」

M양에게 물어 보면, 그렇다고 말한다. 본인은 한 사람에게 1장씩 나누어 줄 생각이었지만, 이 문장만으로는 그것을 이해할 수 없다. 다른 학생도 이 질문에서 그것을 알아차린다. 「만약, 8사람에게 1장씩이 아니라 2장이나 3장씩 나누어 주면 남는 종이의 매수는 달라지겠지요. 이

문제의 뒤에 '한 사람에게 1장씩 나누어 줍니다'하고 써 둡시다.」하고, 빨간 팬으로 써 넣는다.

마지막 발표는 재미있는 것이다. 한 사람이 4개나 썼다.

〈K군의 문제〉

① 36개의 만두를 나눕니다. 한 사람에게 4개씩 나누면 몇 사람에게 나눌 수 있습니까?
② 36대의 자동차를 나눕니다. 한 사람에게 9대씩 나누면 몇 사람에게 나눌 수 있나요?
③ 36자루의 연필이 있습니다. 한 사람에게 9자루씩 나누면 몇 사람에게 나눌 수 있습니까?
④ 36개의 끈을 나눕니다. 한 사람에게 9개씩 나누면 몇 사람에게 나눌 수 있나요?

• 처음 문제의 수치를 사용하여 답하기 쉽게 하고 있다

이 학생은 유창하게 문제를 만든 학생이다. 모두에게 그것에 대한 감상을 물어 본다.

「K군의 문제를 보고 무언가 의견이 있습니까?」

「어느것도 모두 36을 사용하고 있다.」

「색종이가 만두와 자동차, 연필, 끈으로 되어 있습니다.」

「처음 문제만 4개씩 나눕니다. 그러나 나중의 문제는 모두 9로 나누는 문제입니다.」

「처음의 문제와 같지않아.」

여기서, K군 자신에게 물어 보면, 생각한 것을 말한다.「나는 왜 이렇게 했는가 하면, 나중에 푸는 것이 간단하기 때문에 했습니다.」

「그러면, 답이 금방 나오게 되는 구나, 머리를 쓴 연구네.」

이 시간은 학생 4명의 문제 만들기 방법을 소개하고 그것을 수정하는 것으로 하였다. 그러나, 다른 학생은 문제 만드는 방법을 음미하면서, 자신이 만든 문제에 대해 부족한 점을 고치거나 자신도 같은 방법으로 문제를 만들 것을 체크할 수 있었다.

4) 사후 지도

다음 시간에는 학생들의 문제를 모아두고 하나하나 체크하면서 다음 6개의 문제를 학급 공통의 문제로 하기로 하고 복사해 둔다.

• 문제의 질이 다른 것을 대표적인 것으로 하여 다룬다

문제는 아래 네모 안의 것이다. ①은 36÷9의 다른 문제로, ②는 등분제의 문제로서, ③은 포함제로 나머지가 있는 문제이다. ④는 등분제로 나머지가 있는 문제이고, ⑤는 2자리 수의 나눗셈의 문제이고, ⑥은 「1사람」의 부분을 「4사람」으로 바꾼 문제로 하여 다룬 것이다.

① 36개의 만두를 나눕니다. 한 사람에게 4개씩 나누면 몇 사람에게 나눌 수 있습니까? (T군)
② 36자루의 연필을 4사람에게 나누면, 한 사람에게 몇 자루씩 됩니까? (O양)
③ 29개의 사탕이 있습니다. 한 사람에게 9개씩 나누면 몇 사람에게 나눌 수 있습니까? (E군)
④ 27장의 색종이를 8사람에게 똑 같게 줍니다. 색종이는 몇 장 남습니까? (M양)
⑤ 120장의 도화지를 나눕니다. 한 사람에게 30장씩 나누면 면 사람에게 나눌 수 있습니까? (A양)
⑥ 30개의 케익을 나눕니다. 4사람에게 3개씩 나누면 몇 사람에게 나눌 수 있습니까? (N군)

문제를 보면 알 수 있는 바와 같이, ①, ②는 학생들이 이미 배운 것이지만, ③ 이후는 문제가 창작된 것으로 그 해결 방법은 아직 배우지 않은 것이다. 이것을 알고 제시한 것이다. 결과에 대해서는 나중에 서술한다.

더욱이, 3시간째에는 개별적인 과제지 속에서 자신이 만든 문제 중에 1개를 선택하여, 답하게 하고, 개별 지도를 한 것이다.

3 이 수업에서의 문제 만들기

1) 처음하는 경험에서는 질문을 중시한다

3학년에서 처음 하는 문제 만들기였다. 그러므로 소박한 질문이 다양하게 나온다. 교사는 이들에게 신중히 답해 주거나 질문의 본질을 확인하는 것이 중요하다.

그리고 질문하고 답하는 중에 다른 학생은 애매모호한 상태에 있던 것이 확실히 알게 될 수도 있다.

2) 발전과 파생효과가 크다

처음 문제 자체는 별로 어려운 것은 아니다. 간단한 포함제의 문제이다. 그러나, 이 문제로부터 발전하고 파생되어 생각되는 문제는 그 수가 많다. 문제 만들기를 하지 않고 끝내는 수업에서는 교사도 학생도 이런 것을 알지 못하고 끝나 버린다. 문제 만들기를 하는 효과가 크다는 것을 알 수 있다.

처음으로 만든 자신의 문제를 발표하는 것은 매우 기쁜 것이다. 예를 들어 친구들 앞에서 발표할 수 없더라도 이제까지의 수학학습과는 다른 맛을 경험할 수 있는 것이다.

3) 문제 만들기에 대한 느낌

학생들의 느낀 감상은 다음과 같다.

T군: 「문제를 만드는 것은 어려웠지만, 재미있었다.」

N군: 「나는 이러한 문제를 좋아합니다. 그것은 나머지가 있는 문제입니

다. 만들고 푼 것으로 기쁩니다.」

다른 학생도 비슷한 감상문을 쓰고 있었다.

4) 공통 문제에 대하여

그래서, 공통문제를 소개했는데, 아직 배우지 않은 내용도 포함되어 있었다. 실제로 문제를 풀어 보고 학생들과 토의한 것은 ①에서 ④까지이다. 나머지에 대한 지도도 약간 접할 수 있게 된 것이다. 학생이 만든 문제이기 때문에 거기까지 발전할 수 있었다고 말할 수 있다. ⑤와 ⑥은 4학년에서 다루는 내용이므로, 정답과 조언은 개별적으로 해 주는 것으로 하였다. 각 문제별로 그 결과를 나타내 둔다.

[문제①]

36÷4=9	9사람	32명
36÷4=9	9개	2명
36÷9=4	4사람	3명

[문제②]

36÷4=9	9개	28명
36÷4=9	9사람	9명

[문제③]

29÷9=3	나머지 2	5명
29÷9=3	29−27=2	3명
9×3=27	29−27=2	4명
29÷9 만 씀		12명
그림을 사용하여 3사람		1명
답 없음		12명

[문제④]

27÷8=3	나머지 3	5명
27÷8=3 (장)		8명
27÷8, 8×3=24, 27−24=3		8명
27÷8 만 씀		3명
그림을 사용하여 3장		2명
답 없음		11명

[문제⑤]

120÷30=4(사람)	19명
120÷30=40(사람)	11명
120÷30 만 씀	1명
답 없음	6명

[문제⑥]

30÷3=10, 10×4=40(사람)	2명
30÷4	18명
30÷3=10 (사람)	6명
답 없음	11명

□를 사용한 식 1장의 값은 몇 원입니까? — 만든 문제를 검토한다

1 이 수업을 실천하기 위하여

1) 본 시에 관련한 단원의 목표와 지도 계획

「□를 사용한 식」의 소단원의 구성에서 생각한다. 이 단원의 목표는 다음과 같다.

지도목표

덧셈이나 곱셈의 문제 구조에 따른 식을 세우는 중에, 미지수를 □로 하여 식을 세우고, 그 미지수를 구하는 방법을 이해할 것.
또, 문제를 만드는 것에 의해 덧셈, 뺄셈이나 곱셈, 나눗셈의 상호관계를 다시 볼 수 있을 것.

이를 위한 지도 계획은 다음과 같다.

지도계획

1차: ○ 덧셈에서 미지의 수량에 □를 사용한 식 세우기와 그것에 맞는 수를 구하는 방법

2차: ○ 곱셈에서 미지의 수량에 □를 사용한 식 세우기와 그것에 알맞은 수를 구하는 방법과 문제 만들기 (본 시)

○ 만들어진 문제의 음미와 한 번 더 고쳐 만들기

○ 만들어진 문제의 몇 개를 해결

2) 본시의 목표와 유의점

본 시의 목표

□ × b = c로부터 만들어진 문제를 음미하고, 그것에 따라 자기의 문제를 수정하거나 한번 더 고쳐 만들 수 있을 것.

• 유의점

만들어진 문제를 검토하기 위하여 내용의 전형적인 예를 선발하여 두든가 또는 본시와 같이 전원이 만든 것을 1개씩 선택하여 검토 대상으로 하는 등의 준비를 하는 것이 중요하다.

2 이 수업의 전개

1) 함께 만든 문제

• 처음 문제를 바탕으로 만든 문제를 재료로 한다

> 철호는 같은 카드를 5장 사고 전부 합하여 60원을 지불하였다.
> 1장의 값은 몇 원이었을까요?

이것은 처음에 주어진 문제이다. □×5=60이라는 식을 세우고, □를 60÷5로 하여 답을 구하는 문제이다.

그래서, 이 문제를 해결한 후에 각자가 이것을 바탕으로 하여 새로운 문제를 만들었다. 그 다음 날이다.

「여기에 복사한 것은 어제 모두가 만든 문제이다. 여러 개를 만든 학생도 있으므로, 한 사람당 1문제씩 골라 두었습니다. 오늘은 이것을 보고 공부합시다.」라고 말하고, 아래의 복사한 것을 나누어 준다. 36명이 한 문제씩 만든 것을 제공하게 된다.

• 36명의 문제 (번호는 출석번호)

(1) 강호는 같은 만두를 5개 사고 전부 60원을 지불했다. 1개의 값은 몇 원이었을까요?

□×5=60　　　　□=60÷5=12

(2) 남호는 같은 약을 10000g 사고, 1000원을 지불했다. 1g의 값은 몇 원입니까?

□×10000=1000

(3) 길호는 같은 콜라를 10병 사고 전부 5000원을 지불하였다. 병 2개의 값은 몇 원입니까?

(4) 성호는 같은 쵸코렛을 9개 사고 전부 900원을 지불하였다. 1개의 값은 얼마일까요?

$900 \div 9$

(5) 창호는 쥬스를 13일간 계속하여 156L 마셨다. 매일 같은 양을 마셨다면 1일 몇 dL 마신 것이 됩니까?

$\square \times 13 = 156$　　$\square = 156 \div 13 = 12$　　12L(120dL)

(6) 기호는 같은 카드를 1장 사고, 10원 지불하였습니다. 1장의 값은 얼마였습니까?

$\square = 10 \div 1$

(7) 철호는 같은 노트를 8권 사고, 전부 448원 내었습니다. 1권의 값은 몇 원이었을까요?

$\square \times 8 = 448$　　$\square = 448 \div 8$

(8) 병호는 같은 펜을 9자루 사고, 전부 550원을 내니까 거스럼 2원을 받았습니다. 1자루의 값은 몇 원일까요?

$550 - 2 \div 7$

(9) 민호는 같은 값의 비누를 샀습니다. 6상자에 2100원이었습니다. 1상자의 값은 얼마입니까?

$2100 \div 6$

(10) 문호는 전혀 다른 자전거 1대를 샀습니다. 전부하여 1000원 지불했습니다. 1대의 값은 얼마였을까요?

$1000 \div 1 = 1000$

(11) 맹호는 같은 노트를 4권 사고 전부 380원 내었습니다. 1권의 값은 얼마일까요?

$\square \times 4 = 380$　　$\square = 380 \div 4$

(12) 명호는 복주머니를 6개 샀습니다. 낸 돈은 5000원입니다. 주머니 1개는 몇 원입니까?

$5000 \div 6$

(13) 상호는 같은 지우개를 7개 사고 전부 490원을 내었습니다. 1개의 값은 몇 원일까요?

□×7=490 □=490÷7=70

(14) 선호는 같은 카드를 10장 사고 전부 100원을 내었습니다. 1장의 값은 얼마일까요?

□×100=10

(15) 순호는 같은 종이를 5장 샀습니다. 전부 40원 내었습니다. 1장의 값은 몇 원일까요?

40÷5

(16) 석호는 연필을 5자루 샀습니다. 전부 60원 내었습니다. 1자루의 값은 얼마입니까?

□×5=60÷5=12

(17) 일호는 같은 사탕을 10개 사고 전부 360원 내었습니다. 1개의 값은 얼마입니까?

(18) 윤호는 연필을 500자루 샀습니다. 전부 10000원을 내었습니다. 1자루의 값은 몇 원입니까?

(19) 주호는 다른 카드를 5000000장 사고 전부 60000000원을 지불했습니다. 1장의 값은 몇 원일까요?

□×5000000=60000000

(20) 준호는 같은 연필을 5자루 샀습니다. 전부 250원을 지불했습니다. 1자루의 값은 몇 원인가요?

□×5=250 □=250÷5=50

(21) 진호는 같은 과자를 4개 사고 전부 120원을 내었습니다. 과자 1개의 값은 얼마입니까?

□×4=120 □=120÷4

(22) 길자는 껌을 5개 사고, 100원 내었습니다. 1개는 몇 원일까요?

□×5=100 □=100÷5

(23) 건희는 도화지를 16장 사고 전부 32원을 내었습니다. 1장의 값은 얼마입니까?

□×16=32

(24) 근혜는 같은 색의 자석을 8개 사고 200원 내었습니다. 1개의 값

은 얼마입니까?

□×8=200　　　　□=200÷8=

(25) 근자는 같은 사탕을 3개 사고 전부 30원을 내었습니다. 1개의 값은 몇 원입니까?

□×3=30　　　　□=30÷3=10

(26) 국희는 가수인 이미자 카드를 5장 사고 전부 100원을 내었습니다. 1장의 값은 몇 원일까요?

□×5=100　　　　□=100÷5

(27) 근희는 같은 깔판을 3장 사고 전부 552원을 내었습니다. 깔판 1장 값은 얼마입니까?

□×3=552

(28) 상희는 같은 사탕을 6개 사고 전부 100원을 내었습니다. 1개의 값은 몇 원입니까?

(29) 상구는 같은 연필을 8자루 사고, 전부 96원을 지불했다. 1자루의 값은 얼마일까요?

□×8=96　　　　□=96÷8

(30) 동희는 방울 가게에 가서 방울을 2개 사 왔다. 600원 내었다. 1개의 값은 몇 원이었을까요?

□×2=600　　　　□=600÷2

(31) 동구는 아버지 생신을 위하여 허리띠를 4개 샀습니다. 그리고 거스름이 200원이었다. 1개의 값은 얼마일까요?

(32) 동환이는 사과를 8개 사고 전부 200원을 지불했다. 1개의 값은 얼마일까요?

8 × □=200　　　　□=200÷8=25

(33) 동국은 볼을 5개 샀다. 그리고 돈을 565원 내었다. 1개의 값은 얼마일까요?

565÷5

(34) 만수는 같은 카드를 40장 사고 전부 400원을 내었다. 1장의 값은 몇 원입니까?

□×40=400 □=400÷4=10

(35) 명희는 같은 버찌를 2개 사고 전부 80원을 내었다. 1개의 값은 몇 원일까요?

□×2=80 □=80÷2=40

(36) 명구는 다른 카드를 5장 사고 전부 80원 내었다. 1장의 값은 몇 원이었을까요?

□×5=80 □=80÷5=16

2) 프린트에 있는 문제를 음미한다

이 프린트의 내용을 보면서 서로 토론하는 것을 소개한다.

「나[(1)]는 수는 바꾸지 않고 물건을 바꾸었다. 왜냐하면 답을 내는 것이 간단하므로.」「재미있는 것을 생각했구나. 이외에도 그러한 사람이 있습니까?」

「같습니다. 내[(16)] 문제가 그렇습니다.」

「이것은 식이 좀 이상하지 않은가? 어때?」

「(16)군의 것은 아마 □×5=60으로 이 □를 구하는데 60÷5로 한 것이다. 식을 계속한 것뿐입니다.」

「그런가, 그러면 = 표시의 의미가 달라져 버리므로 고치는 것이 좋겠네.」

• 토론하면서 문제 만들기 방법을 판서한다

이렇게 말하며 흑판에는 「물건만 바꾼 문제」로 쓴다.

「나[(5)]는 물건도 수도 바꾸었습니다.」

「내[(21)] 것도 같습니다.」

흑판에는 앞에 것의 밑에 「수도 물건도 바꾼 문제」로 쓴다.

「내[(8)] 것은 다르게 나머지가 있는 문제입니다.」

「(8)군의 것은 나머지가 들어 있는 문제로 재미있네. 그런데 이 식은 어떤 것이냐?」

「550-2를 먼저하고, 그 답을 ÷7로 하는 것입니다.」

「그러면, 알기 쉽게 먼저 한 것을 (   )를 해 두자.」

「내[(31)] 것도 같습니다.」

「그런데, 너의 것은 몇 원인지 알 수 없어. 처음의 값이 없잖아.」

「그렇군, 처음의 값을 써서 고쳐 두자.」

계속하여「처음 문제에 없는 것을 보완한 문제」로 판서한다.

「선생님, 내[(15)] 것은 어떤 문제로 하면 좋습니까?」

「어떻게 할까?」

「수를 전부 바꾼게 아니라 일부분 바꾸었어요.」

「제[(34)] 것은 어떠합니까?」

「이것은 카드의 문제이고 만수를 철호로 하면 수만 바꾼 문제가 되지.」

여기서, 흑판에「수만 바꾼 문제」로 쓴다.

• 역의 문제를 의도적으로 생각하게 한다

더욱이, 교사가 조금 부연적인 발문을 한다.

「모두는 '1장의 값'을 모르는 문제를 만들었지만, '산 개 수'나 '대금'을 모르는 문제는 만들 수 없을까?」

「'철호는 12원짜리 카드를 5장 샀습니다. 대금은 얼마입니까' 라는 문제로 좋습니까?」「또 다른 것은 '12장의 카드를 사고 60원 지불했습니다. 몇 장 샀습니까?' 라는 것이었다.」

「그렇게 하면 닮은 문제가 아니게 되어버려요.」

「처음의 것은 나눗셈으로 답을 내는데, 이번 것은 곱셈도 필요하잖아.」

「반대로 생각하면, 이런 문제도 될 수 있네.」라고 하면서, 더욱이, 흑판에「(산 개수)를 모르는 문제」와「(대금)을 모르는 문제」를 덧 붙여 쓴다.

3) 자기의 문제를 보고 다시 고쳐 만든다

흑판에 써진 몇 가지 문제 만들기 형태를 보면서 처음 문제 만들기에서는 만들지 못했던 문제를 한번 더 고쳐 만드는 것이 된다.

• 문제를 고쳐 만들기

여기서 발표된 것은 다음의 4가지이다.

① 「영희는 딸기를 사고 500원 내었습니다. 거스름이 110원이었다. 딸기는 얼마일까요?」
② 「상희는 인형을 8개 샀습니다. 인형은 1개 800원입니다. 대금은 얼마입니까? 또 9개는 얼마입니까?」
③ 「명희는 1봉지에 80원하는 과자를 사고 전부 320원 내었습니다. 산 것은 몇 봉지일까요?」
④ 「철수는 1권에 1200원하는 우표판을 2권 샀습니다. 그런데 그 우표판은 1권에 2할 할인되었습니다. 대금은 얼마일까요?」

위의 4가지에 대해서는 ①은 뺄셈, ②는 대금을 구하는 문제이기도 하며, 구하는 것을 2가지로 하고 있는 것, ③은 산 개 수를 구하는 문제인 것, ④는 다른 학생에게는 잘 모르는 2할 할인이라는 말이 사용되어 있지만, 복잡한 문제라는 것을 모두 인정하였다.

3 이 수업에서의 문제 만들기

이 수업의 중심은 처음 문제를 바탕으로 하여 새로운 문제를 만들고 그렇게 하여 만들어진 문제를 검토해 가는 중에 문제 만들기 방법에 착안시키려고 하는 것에 있다.

몇 번 문제 만들기 수업을 경험한 3학년 학생은 학년 말쯤에 해 보는 것이 적당한 활동이다. 친구가 만든 문제를 서로 검토하면서 그 문제를 어떻게 만들 수 있었는지를 음미한다.

1) 문제를 고쳐 만드는 경험

그리고, 더욱 문제가 만들어지는 방법을 알고, 자기가 만든 문제 중에 그와 같은 문제가 없으면 새로운 방법으로 만들어 보는 것도 가능한 것이다. 간단히 말하면, 문제 만들기의 과정을 2번 경험한다고 하는 것이다.

여기서 채택한 처음 문제는 $\square \times b=c$의 구조를 하고 있고 그 □를 구하는 것이었다.

그것을 기반으로 만든 문제를 검토하면, 학생의 말로 다음과 같은 문제 만들기 방법이 표면 위에 드러나게 된다.

2) 판서된 문제의 만들기 방법

① 사물만 바꾼 문제
② 수도 사물도 바꾼 문제
③ 처음 문제에는 없는 것을 덧 붙인 문제
④ 수만 바꾼 문제
⑤ (산 개 수)를 알 수 없는 문제
⑥ (대금)을 알 수 없는 문제
⑦ 뺄셈으로 되어 있는 문제

이것을 본 학생들이 한 번 더 고쳐 만들려고 하여 또 다시 문제를 만들어 보게 하면 ②와 같은 것은 처음에는 많았지만 감소하고, ③, ⑤, ⑥ 등의 문제가 증가하였다. 즉, 복합된 2단계적 사고의 문제나 $a \times \square = c$ 구조로 된 문제, $a \times b = \square$와 같은 문제를 생각하고 만드는 것이다.

3) 역관계의 문제

$\square \times b = c$에 대하여 $a \times \square = c$, $a \times b = \square$의 관계는 서로 미지수의 장소를 바꾼 같은 구조의 관계라고 할 수 있다. 이 문제 만들기 활동 중의 역의 문제로도 되어 있다.

이런 활동을 하면 처음 문제의 구조는 학생에게 잘 침투될 수 있다.

삼각형

2등변 삼각형이 몇 개 될 수 있을까?
— 기하판을 사용한 문제 만들기

1 이 수업을 실천하기 위하여

1) 본시에 관련한 단원의 목표와 지도 계획

지도목표

변의 길이에 착안하여 3각형을 변별하는 것으로부터 특수한 3각형으로서 2등변3각형, 정3각형을 발견하고 그것들의 개념을 명확히 할 수 있다.

개념을 명확히 하기 위해서는 비슷하지만 그렇지 않은 것의 변별, 만들거나 그리는 조작, 말로 표현하는 등의 활동이 필요하다.

그러므로 지도 계획은 다음과 같다.

지도계획

1차: ○ 3각형을 변의 길이에 착안하여 분류
○ 2등변3각형의 성질
○ 2등변3각형의 작도
○ 정3각형의 성질
○ 정3각형의 작도

2차: ○ 기하판을 사용한 문제해결과 문제 만들기 (본시)
○ 만들어진 문제의 해결

2) 본시의 목표와 유의점

본 시의 목표

기하판 위에 주어진 1변을 사용하여 2등변3각형을 여러 가지 만들 수 있다. 또, 그 문제를 바탕으로 하여 문제를 발전시킬 수 있다.

• 유의점

이 목표를 위해서는 학생 각자가 조작할 수 있는 기하판을 준비할 필요가 있지만, 그렇게 하지 못할 경우에는 격자점을 인쇄한 프린트를 몇 장 만들어 두는 것이 좋다.

2 이 수업의 전개

1) 기하판을 사용하여

• 도형 지도에 유효한 하나의 교구

우선 아래 그림을 보세요. 이것은 기하판이다. 판자에 못을 박은 것으로 생각하면 된다. 여기에 고무줄을 걸어서 기하판 위에 도형을 만들어 여러 가지로 학습하는 교구이다. 핀이 박힌 판, 기하판, 도형판이라고도 할 수 있다.

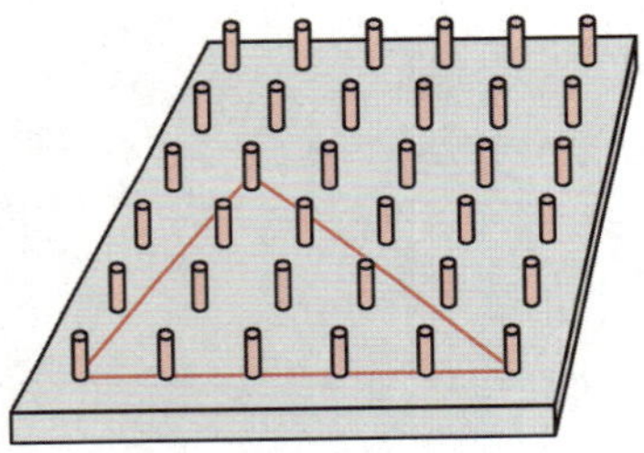

[기하판]

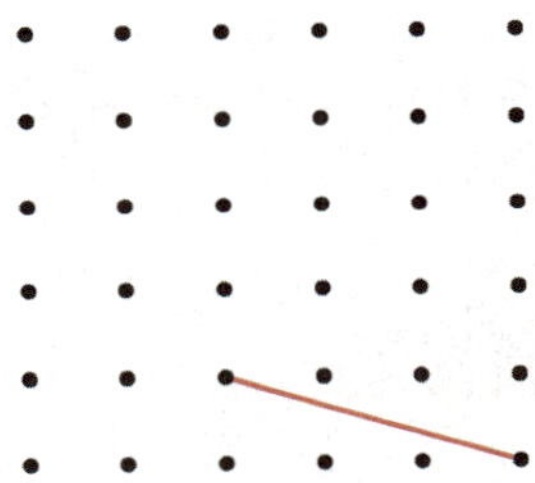

[점판]

• 1변의 길이만 주고 다른 조건(각도)은 뺀다

이 학습에서는 각자에게 기하판을 갖게 하여 활동시킨다. 우선 위의 그림과 같이 1개의 변을 만들게 한다. 문제는 이 변을 하나의 고정된 변으로 하고 기하판 위에 2등변 삼각형을 만드는 것이다. 만들어지는 2등변 삼각형은 한 개나 두 개가 아니고 연구의 방법이 여러 가지이므로 재미있다. 처음의 문제는 다음과 같이 한다.

• 처음의 문제

> 2등변 3각형을 기하판 위에 만듭니다. 단, 정해진 변 ㉮, ㉯는 반드시 사용해야 한다. 어떤 2등변 3각형을 만들 수 있을까요?

학생들에게는 기하판의 격자점과 같은 크기의 격자점이 그려 있는 용지(점판)을 나누어 주고, 만들어진 2등변 3각형을 그려 넣도록 한다.

2) 2등변 3각형을 여러 가지 만든다

• 기하판의 좋은 점

드디어 활동을 시작한다. 시행착오를 하면서 자유롭게 삼각형을 만들어 간다. 기하판을 사용하는 좋은 점은 이러한 시행착오가 가능하게 되는 점이다. 처음부터 용지에 그려 넣는 조작이라면 틀리면 지우개로 지우고 다시 그리지 않으면 안된다. 그러나 기하판 위에서 조작한다면 고무줄을 벗겨서 몇 번이든지 다시 고칠 수가 있다.

또한 다른 사람에게 발표하는 것도 자유롭게 할 수 있고 아래 위를 거꾸로 하여 보든지 돌려서 보든지 자유롭다. 기하판이 투명판이라면, OHP 위에 그것을 놓고 고무줄과 못에 걸친 것이 투영되어, 이것이 또 좋은 학습이 되게 된다.

조금 시간이 지난 뒤에 드디어 발표하게 한다. OHP 위에 만든 삼각형을 발표시킨다.

• 2등변 3각형인 이유를 말하게 한다

이 수업에서는 ①~⑧까지의 발표가 있었다.

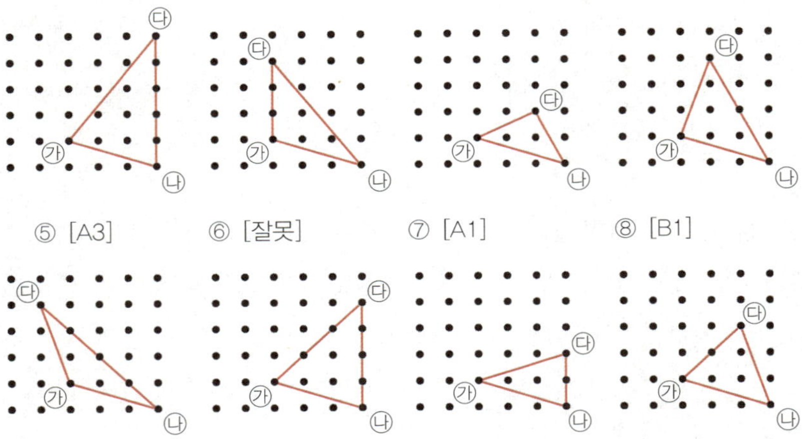

각각에 2등변 3각형인 이유도 말하게 한다. 예를 들면 ①에 대해서는 다음과 같다.

「이것은 어째서 2등변3각형이라고 말할 수 있습니까?」

• 자로 잰다

「㉮㉰와 ㉯㉰의 길이를 자로 재면 같은 길이로 되어 있습니다. 그러므로 2등변3각형입니다. 처음에는 ㉮㉯의 변을 밑에 두고 대개 2등변3각형이 될 것 같은 것을 발견하도록 해 본 것이다.」

시각적으로 선대칭인 모양으로 되어 있는 3각형을 생각하고 그기에서 자로 확인하고 있는 것이다.

• 컴파스를 이용

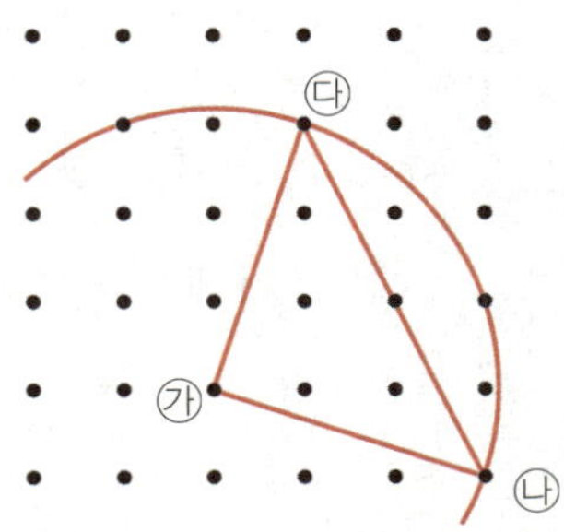

또, ④와 같은 것은 컴파스를 사용하고 있다.

「㉯는 ㉮㉯ 변의 ㉮에서 컴파스의 침을 두고 돌리면 ㉮㉯와 같은 길이로 되어 있는 점이 여기에 있으므로, 이것을 발견했습니다.」

「그러면, 이 방법으로 다른 점도 발견할 수

있을 것 같네.」

「⑤나 ⑦이 그렇습니다.」

「선생님, 컴파스의 침을 ㉮가 아니라 ㉯에 두어도 그것과 같은 것을 할 수 있습니다.」

「나는 그래서 ⑧과 같은 것을 발견했습니다.」

• 대각선을 사용한다

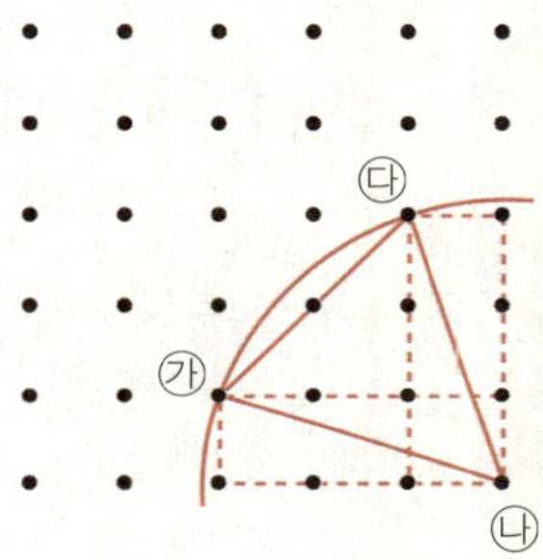

「그것에 다른 이유를 말할 수 있습니다.」⑧의 ㉮㉯는 직사각형(그림 속의 점선)을 반으로 자른 곳에서 ㉯㉰도 같은 크기의 직사각형을 반으로 한 곳에서 길이가 같다고 생각합니다.

날카로운 지적이다. 학생은 대각선이라는 말을 아직 모르지만, 그것을 의미하고 있는 것이다.

오답에 대한 지적도 있다. 여기서는 ②나 ⑥이 그것이다.

• 오답의 지적

「②는 틀린 것이라고 생각합니다. ㉮㉰의 길이와 ㉮㉱의 길이가 같으므로 ㉮, ㉱와 ㉮㉯를 비교하면, 다르다는 것을 알 수 있습니다.」

「그러나, ㉮㉯와 ㉮㉰는 자로 재면 2, 3mm밖에 차이가 나지 않아요. 그 정도는 괜찮지 않을까?」

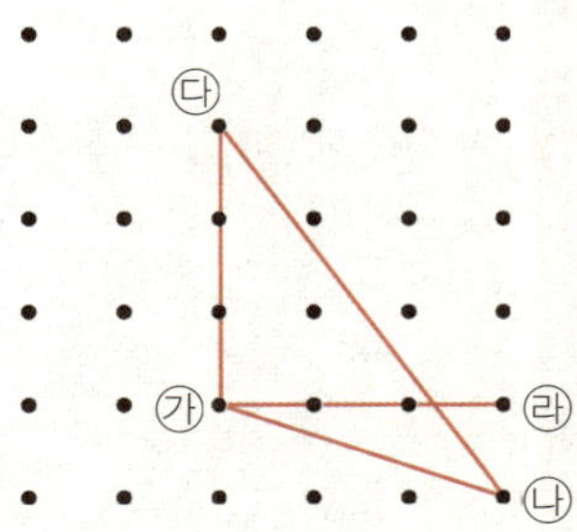

「그것을 돌려서 ㉯㉰가 밑에 오도록 해 봐요. 역시 2등변 3각형으로는 보이지 않아요.」

이러한 토의를 하고 난 후에 2등변 3각형이 아니라는 것을 납득할 수 있다.

⑥의 오답은 많다. 이것도 위와 같이 수정되어 간다.

3) 기하판을 사용한 문제 만들기

「지금의 문제를 바탕으로 하여 닮은 문제를 스스로 만들어 봅시다.」

이제까지 몇 번 문제 만들기를 경험했고, 또 교구도 가지고 있으므로 학생들은 금방 문제 만들기에 착수한다.

만들어진 문제의 대부분은 다음 시간에 발표하고 음미하는 것으로 하지만, 이 시간에는 그 중에 몇 개를 발표하고 끝내도록 한다. 몇 개를 소개해 보자.

• 주어진 변을 바꾸는 문제

2등변3각형을 기하판 위에 그립니다.
단지 정해진 변 ㉮㉯는 반드시 사용하는 것으로 한다.
몇 개의 2등변3각형을 만들 수 있습니까?

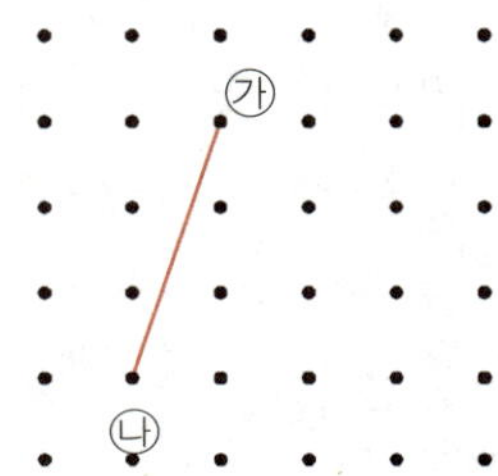

• 개 수를 묻는다

얼핏 보아 처음의 문제와 변함이 없다. 그러나 정해진 변 ㉮㉯의 위치가 다른 것이다. 더욱이 어떤 2등변 3각형을 만들 수 있느냐고 묻지 않고 몇 개 만들 수 있는가를 묻고 있는 것이다.

• 정3각형을 만든다

정3각형을 기하판 위에 만듭니다. 단지 정해진 변 ㉮㉯를 반드시 사용하는 것으로 합니다.
어떤 정3각형이 생깁니까?

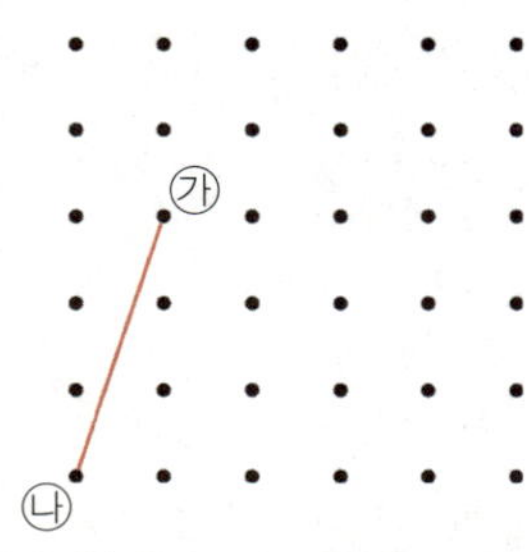

• 정3각형은 격자점 위에는 되지 않는다

이런 문제를 만드는 학생이 많다. 2등변3각형이 정3각형으로 되어 있다. 실은 정3각형은 이 격자점 점판 위에서는 될 수 없지만, 학생들은 아직 그것을 깨닫지 못한다.

다음에, 3각형을 4각형으로 하는 학생도 많이 나올 것이다.

• 정4각형을 만든다

정4각형을 기하판 위에 만듭니다. 단지 정해진 변 ㉮㉯는 반드시 사용하는 것으로 한다.
어떤 정4각형이 생깁니까?

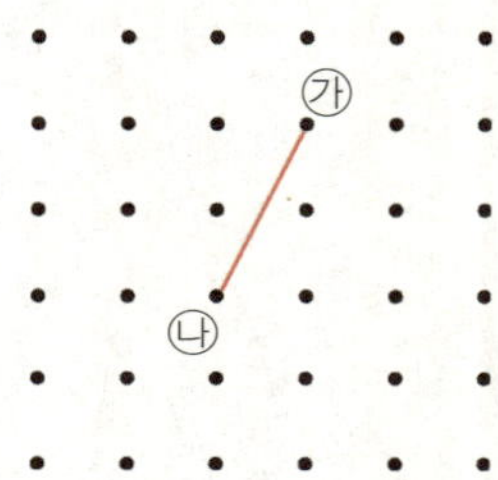

주어진 변이 정4각형의 1변이므로, 이것으로는 변의 좌우에 1개씩 만들고 끝낸다. 이것이 정4각형이 아니라 평행4변형이라면 훨씬 많은 답이 요구되게 되어 재미있는 문제가 된다.

역시, 기하판의 못의 수 6×6개를 바꾸어 보려고 하는 학생은 없었다. 다른 기하판을 알고 있으면, 6×6의 수를 훨씬 많게 하던가 격자점의 못의 배치를 원형으로 바꾸던가 못을 60°로 기울여 정3삼각형이 되도록 하는 것도 가능할 것이다.

3 이 수업에서의 문제 만들기

흥미있는 하나의 교구 기하판을 사용한 문제 만들기 수업이다.

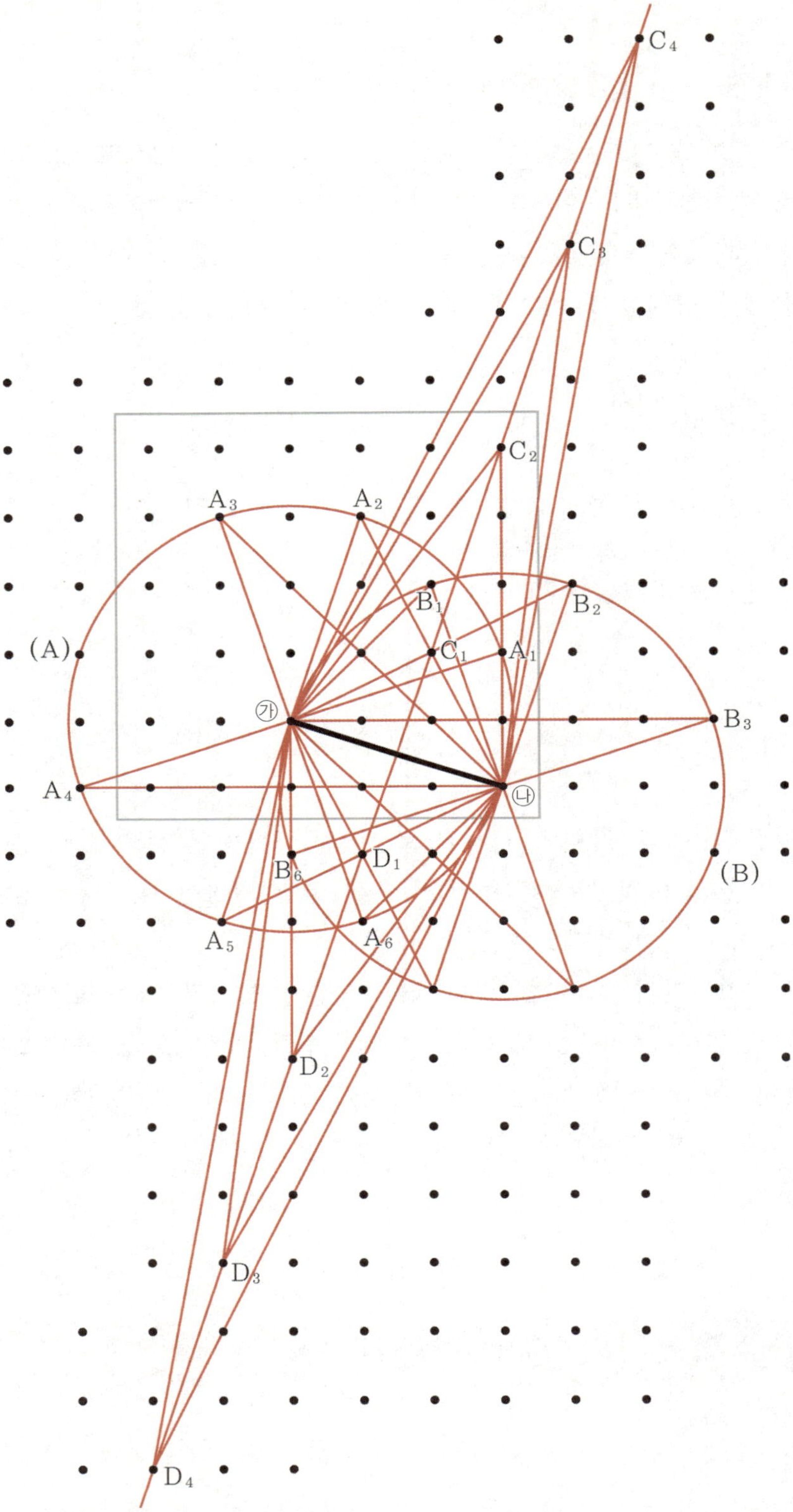

C4
C3
C2
A3
A2
B1
B2
(A)
C1
A1
㉮
B3
A4
㉯
B6
D1
(B)
A5
A6
D2
D3
D4

1) 만약 격자점을 많게 하면

처음 문제의 교재 연구를 한다면, 앞의 그림을 보세요. 기하판의 격자점을 넓힌 경우를 생각한 것이다. ㉮를 중심으로 하는 원둘레 위에 A1~A6, ㉯를 중심으로 하는 원둘레 위에 B1~B6의 점이 보인다.

또 ㉮㉯의 수직2등분선 위에 C 및 D의 점이 무한히 계속된다. 6×6 기하판은 이 점의 일부를 잘라낸 것으로 생각해도 좋다.

2) 답은 6개

그러므로 처음 문제의 답은 전부하여 6개인 것을 알 수 있다. 지정한 변을 왼쪽으로 1단위, 위로 2단위 평행이동하면, 이 기하판 위에서 답은 8개가 된다.

알기 쉽게 처음 문제의 답만을 빼내면 아래 그림과 같이 된다.

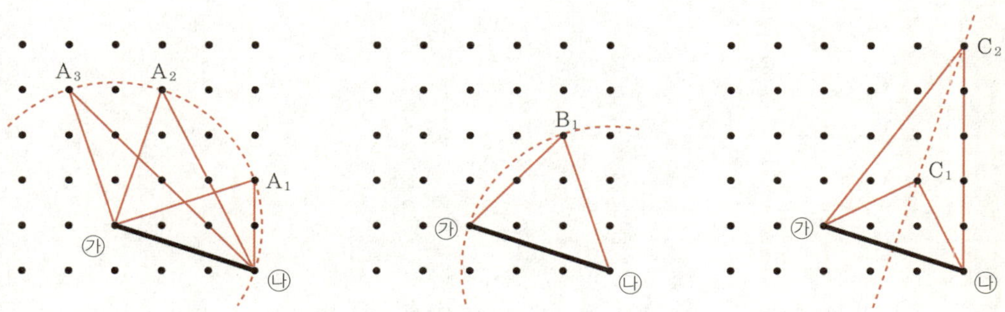

$A_{1\sim3}$ B_1 $C_{1\sim2}$

이것으로부터 처음 문제는 매우 유연한 사고를 요하는 문제인 것을 알 수 있고, 주어진 변을 2등변3각형의 등변으로 보든가 밑변으로 보든가 할 필요가 있는 것도 알 수 있다. 학생에게 그러한 눈을 길러주는 좋은 문제라 할 수 있다.

이것은 2등변3각형을 1개로 정하는 조건 모두를 주지 않고 단지 1개의 변의 길이만을 주었으므로 조건 부족의 문제가 되고 그러므로 해답이 다양하게 나오는 기하판의 문제로 되기 때문이다.

이 문제를 바탕으로 한 문제 만들기는 그것을 포함하기 때문에 학생도 열린 문제를 자연스럽게 만들어 간다. 그 중에서, 답이 1개이거나 전혀 없기도 하는 것이 오히려 더 놀라울 것이다.

분수의 계산

쥬스는 합해서 몇 L?
— 문제를 다시 고쳐 만들어 본다

1 이 수업을 실천하기 위하여

1) 본시에 관련한 단원의 목표와 지도 계획

분수라는 큰 단원 중에서 초보적인 개념을 익힌 후에 동분모 분수의 덧셈과 뺄셈을 학습하는 소단원이다.

지도목표

분수에도 덧셈과 뺄셈을 사용할 수 있다는 것을 이해시켜, 진분수끼리의 간단한 경우의 계산 방법을 생각하게 한다. 또, 학생 자신이 만드는 문제로부터 이 계산의 발전 방향을 안다.

이를 위한 수업 계획은 다음과 같다.

지도계획

1차: ㅇ 분수의 덧셈에 대한 이해 및 문제 만들기 (본시)
ㅇ 만들어진 문제를 사용하여 분수의 뺄셈에 대한 의미와 계산

2차: ㅇ 만들어진 문제를 사용하여 몇 개의 발전 문제의 해결

2) 본시의 목표와 유의점

본 시의 목표

진분수끼리의 덧셈의 상황을 이해하고, 단위 분수의 몇 개 분으로 계산할 수 있음을 안다. 또, 그 문제를 바탕으로 발전적으로 문제를 만들 수 있다.

• 유의점

처음 시작하는 문제 만들기는 많은 발전은 기대할 수 없으므로, 다른 학생이 발전하는 것을 보고 한번 더 문제를 고쳐 만들게 하면 상당히 유효한 문제 만들기를 할 수 있다.

2 이 수업의 전개

1) 어제와 오늘의 쥬스는 몇 L?

1L의 컵을 5등분한 곳에 선으로 표시를 하고, 거기에 염색수를 넣은 것을 준비한다.

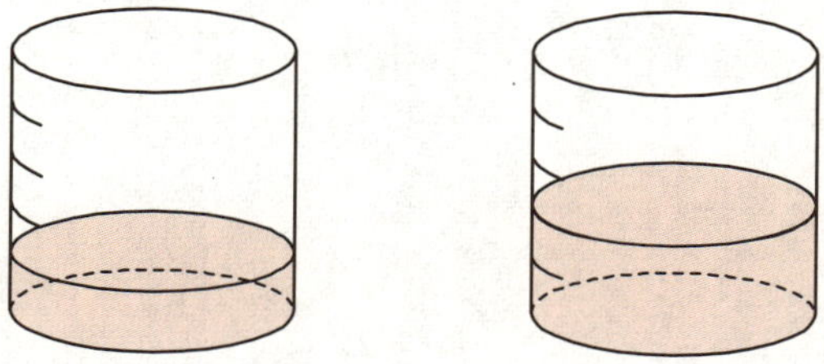

(가) (나)

• 문제 상황의 설정

거기서 다음과 같은 이야기를 한다.

「여기에 쥬스가 들어 있는 그릇이 있습니다. 왼쪽 그릇 ㈎에는 $\frac{1}{5}$ L 들어 있습니다. 오른쪽 그릇 ㈏에는 $\frac{2}{5}$ L 들어 있습니다. 건호는 어제 ㈎ 그릇의 쥬스를 다 마셨습니다. 그리고 오늘은 ㈏ 그릇의 쥬스를 마셨습니다. 어제와 오늘 합쳐서 몇 L의 쥬스를 마신 것입니까? 」이런 이야기를 한 후, 이 문제를 정확하게 판서한다. 학생들에게도 교사와 같이 공책에 쓰게 한다. 분수의 초보적인 개념을 학습한 후에 바로 제시하는 분수끼리의 덧셈이다.

〈판서〉

건호는 쥬스를 어제 $\frac{1}{5}$L, 오늘 $\frac{2}{5}$L 마셨다. 합쳐서 몇 L 마셨는가?

그리고, 이 문제를 풀게 한다.

학생들이 자기 생각을 공책에 쓰는 것을 돌아다니면서 보고, 틀린 생각을 몇 개 발견해 둔다. 발표할 때에 그것들을 지적하여 다른 학생에게도 생각하게 한다.

흑판에 자기의 생각을 써 준 것은 다음과 같다.

• 문제의 해결

(K군)

$\frac{1}{5}L+\frac{2}{5}L=\frac{3}{10}L$　　　$\frac{3}{10}L$ 마셨다.

(F군)

$\frac{1}{5}L+\frac{2}{5}L=\frac{3}{5}L$　　　$\frac{3}{5}L$

(M양)

$\frac{1}{5}+\frac{2}{5}=\frac{3}{5}$　　　$\frac{3}{5}L$

• 해결법에 대한 문제점의 지적

이 3개의 판서를 보고, 그 차이를 알아차리게 한다. 바로 K군이 쓴 것에 주문이 나온다.

「K군의 것은 틀렸다고 생각합니다.」

「그러면 어떻게 틀렸는지 설명해 보세요.」

[A양]

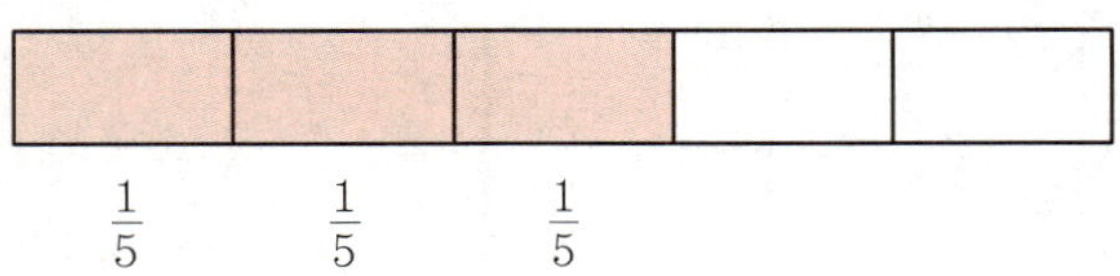

「이렇게 그림을 그려 보면 $\frac{1}{5}$이 3개죠. 그러므로 $\frac{3}{5}L$인 것을 알 수 있습니다. $\frac{3}{10}L$라면 훨씬 적어져 버립니다.」

[H양]

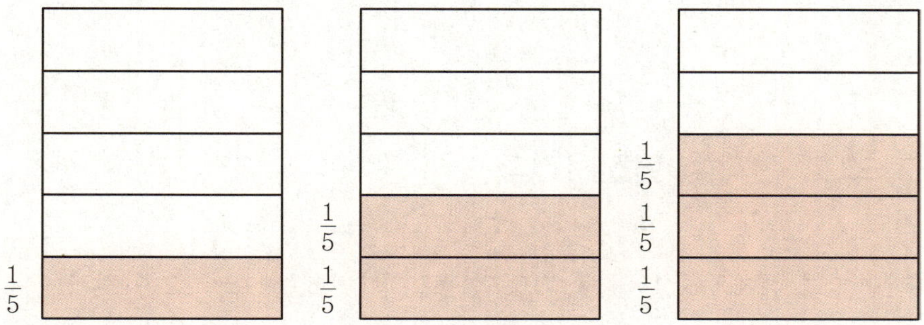

「이런 그림을 그렸습니다. $\frac{1}{5}$은 이것(왼쪽), $\frac{2}{5}$는 $\frac{1}{5}$이 2개. 그러므로 합하면 $\frac{1}{5}$이 3개가 됩니다. 그래서 $\frac{3}{5}L$입니다.」

「잘 알 수 있는 설명이군요. K군 어때요?」

「알았습니다. 나는 $\frac{1}{5}$과 $\frac{2}{5}$의 5와 5를 더하여 10으로 하였는데 틀렸습니다.」

• 답을 확인한다

「실제로 이 쥬스를 합쳐 봅시다.」

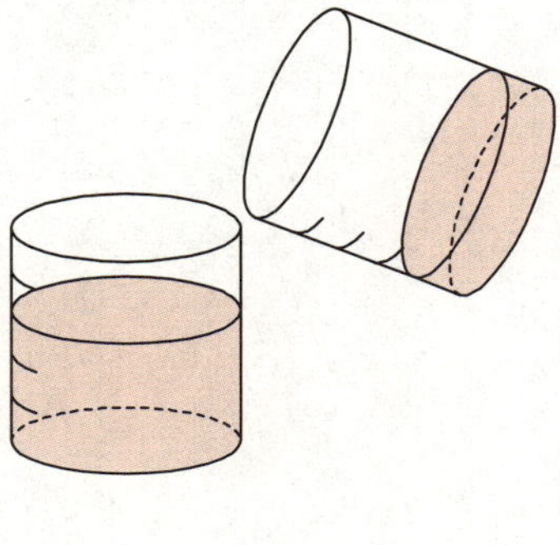

「$\frac{3}{5}L$가 되는 것을 확인할 수 있습니다.」

「선생님, 다른 것으로, F군의 것과 M양의 것은 식에 L을 붙인것과 안 붙인 것이 다릅니다.」

「그렇군요. 어느쪽도 사고방법은 같군요. L를 붙인 쪽은 항상 그 양을 알 수 있군요. 붙이지 않은 쪽은 계산을 빨리 하는 것으로 하였군요. 어느쪽도 틀리지는 않습니다.」

2) 스스로 문제를 발전시킨다

「그러면, 이 문제를 잘 알게 되었으므로, 이번에는 스스로 이것과 닮은 문제를 만들어 봅시다.」

여러 번 문제 만들기를 경험하고 있는 학생은 익숙해졌는지 금방 만들기 시작한다.

처음의 문제가 간결하므로 문제 만들기도 재빠르고, 발표하는데 여유있는 시간을 준다. 이하에는 8명이 발표한 것이다.

• 사물이나 수치를 바꾸고 있다

〈T군의 문제〉

건호는 비누를 어제 $\frac{3}{4}$, 오늘 $\frac{1}{4}$ 사용하였습니다. 합해서 몇 분의 몇 사용했습니까?

〈H군의 문제〉

상호는 테잎을 어제 $\frac{1}{4}$m, 오늘 $\frac{3}{4}$m사용했습니다. 합해서 몇 m 사용했습니까?

• 분모가 다른 분수로 대소 비교 문제로 했다

〈H군의 문제〉

상희가 케익을 어제 $\frac{2}{3}$, 오늘 $\frac{3}{4}$ 먹었습니다. 어제와 오늘의 먹은 양이 많은 것은 어느 쪽입니까?

• 3개의 수의 계산으로 답이 1이상이 되는 문제

〈F양의 문제〉

내 남동생이 공작하는데 사용하는 테잎을 어제는 $\frac{3}{4}$m, 오늘은 $\frac{2}{4}$m 사용했습니다. 나머지는 $\frac{1}{4}$m입니다. 합해서 몇 m였습니까?

• 뺄셈의 문제

〈K양의 문제〉

언니는 어제 쥬스를 $\frac{3}{5}L$ 마셨다. 나는 오늘 $\frac{2}{5}L$ 마셨습니다. 어느 쪽이 얼마 더 마셨습니까?

• 답이 1 이상이 되는 문제

〈K군의 문제〉

태호는 전차를 어제 $\frac{3}{5}km$, 오늘 $\frac{7}{3}km$ 탔습니다. 합해서 몇 km 탔습니까?

〈U군의 문제〉

철호는 어제 쥬스를 $\frac{4}{5}L$, 오늘 $\frac{3}{5}L$ 마셨습니다. 합해서 몇 L 마셨는가?

• **금액에 분수를 사용하고 있는 문제**

〈U군의 문제〉

정호는 전 달에 $\frac{5}{10}$천원, 이달에 $\frac{2}{10}$천원 썼다. 전부 몇 백원 썼습니까?

8명이 발표한 것을 하나 하나 음미해보는 것은 학생에게는 큰일이지만, 이 경우, 문제가 꽤 산뜻하여 잘 분별할 수 있다.

3) 발표된 문제를 음미한다

「이 문제에 대하여 처음의 문제와 어디가 바뀌었는지 분별할 수 있습니까?」

「나온 것은 바뀌었지만, 문제 중의 계산은 모두 몇 분의 몇과 몇 분의 몇을 더하므로 바뀌어 있지 않다고 생각합니다.」

「그러나, S양의 것과 K양의 것은 뺄셈이예요.」

문제를 잘 보고 있는 학생도 있다. 만들어진 문제는 처음과 같은 덧셈의 것과 뺄셈의 것으로 나눌 수 있다.

「F양의 것은 덧셈이지만, 3개의 덧셈입니다.」

그래서, 처음의 문제에 다른 또 하나의 수를 덧붙여서 만든 것이 있다는 것을 안다.

문제를 단지 보고 토의하는 중에는 이것 이상의 깊이 있는 것은 기대할 수 없다. 실제로 하나 하나 풀어 보면, 예를 들면, S양의 문제는 이분모 분수의 뺄셈이 되어 해결에 있어서 고민함에 틀림 없고, 분수에 단위가 붙은 것과 붙지 않은 것의 차이도 착안할 수 있다. 특히 $\frac{5}{10}$ 천원 등은 학생들에게는 귀에 익숙하지 않은 사용 방법이므로 꽤 어려운 문제가 된다.

4) 문제를 다시 고치기

그러나, 여기서는 이 정도로 토론을 멈추고, 이번에는 자기가 만든 문제를 한번 더 관찰하고 고쳐 만들거나 혹은 더 덧 붙이거나 하게 했다.

수업이 끝나가는 짧은 시간에 그것을 발표시켰더니 다음과 같은 3가지가 나왔다.

• 뺄셈의 문제

〈H군이 다시 고친 문제〉

1m의 테잎을 민호는 어제 $\frac{3}{8}$m, 오늘 $\frac{1}{8}$m 사용했습니다. 나머지는 몇 m입니까?

이제까지 덧셈의 문제가 거의 대부분이었지만, 갑자기 뺄셈 문제를 만들려고 한 것이다. 다른 학생의 문제 만들기를 보고 있다가 그것에 영향을 받은 것 같다.

• 비율을 의식한 문제

〈A양이 다시 고친 문제〉

상수가 가진 책의 $\frac{1}{3}$쪽이 56 쪽이다. 그러면 $\frac{3}{3}$쪽은 몇 쪽이 됩니까?

이 학생의 문제는 다른 학생들은 잘 알지 못하였다. 상수는 그림을 그려서 설명한다.

「내 문제는 이런 식으로 $\frac{1}{3}$쪽의 책으로는 56쪽입니다. 그러므로 $\frac{3}{3}$쪽은 몇 쪽인가 하는 문제입니다.」

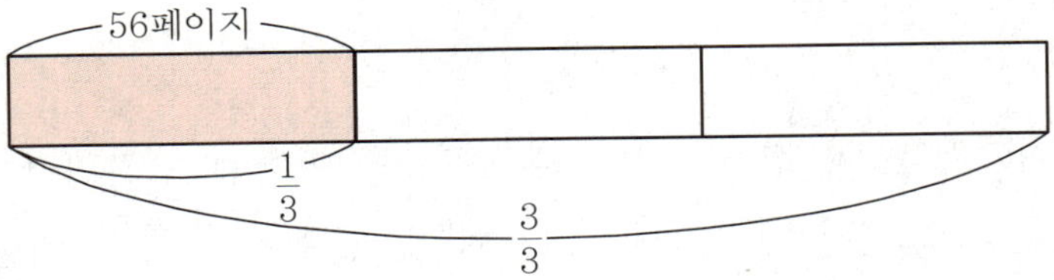

그림을 보고 모두는 그렇구나 하는 표정을 하였다.

「그렇다면 $\frac{1}{3}$쪽이라고 하는 것은 이상해요. $\frac{1}{3}$쪽이라고 하면 1쪽보다 적은 것이 되요.」 이런 지적도 나온다. 만든 본인은 $\frac{1}{3}$이나 $\frac{3}{3}$을 비율로 사용하고 있지만, 아직 양과 비율의 사용 구분이 되어 있지 않기 때문에 이야기가 혼동되고 있다.

• 곱셈의 문제

〈K군이 다시 고친 문제〉

철호는 쥬스를 어제 $\frac{2}{5}L$, 오늘도 $\frac{2}{5}L$ 마셔서 $\frac{2}{5}L$ 마신 날이 8일 계속하였다. 8일로 몇 L마셨습니까?

그야말로 이것은 곱셈 문제이다. 이후의 지도 계획 속에 도입할 수 있는 좋은 문제가 된다. 교과서에 나오는 곱셈의 장을 나타내는 문장보다 훨씬 학생다운 문장이어서 좋다.

이 시간은 여기서, 「이런 문제를 다음 시간부터 자세히 생각해 봅시다」하고 끝낸다.

물론 전원의 과제지는 회수하여 다음 시간까지 교사가 체크하여 둔다.

3 이 수업에서의 문제 만들기

1) 지극히 보통의 문제에서 출발

이 수업에서 사용한 처음 문제는 지극히 보통의 교과서에도 실려 있는 단순한 문제이다. 그것을 사용한 문제 만들기 활동에 초점을 둔 것에 착안하기 바란다.

즉, 아무런 문제가 없다고 하더라도 문제 만들기 활동을 할 수 없는 것은 아니다.

처음의 문제는 단위 분수가 파악되고 그것의 몇 개 분인가 하는 것으로 분수를 표시하는 기본적인 것을 알고 있으면 정수의 덧셈과 같이 생각할 수 있다.

다음에 실제의 문제 만들기에서는 대부분의 학생이 단지 나오는 인물이나 물건, 숫자, 단위 등에 착안하여 그것을 바꾸고 있다. 문제의 구조 그 자체에 관련되는 문제를 만드는 학생은 적다.

2) 발전 방법이 다양

단지 숫자를 바꾸어서 $\frac{1}{5}$이 $\frac{2}{3}$로, $\frac{2}{5}$가 $\frac{3}{4}$으로 바뀌었다고 하면, 거기에는 큰 새로운 문제가 발생한다. 3학년의 분수 학습 범위에서는 하기 힘든다. 단위의 몇 개분이라고 하는 생각으로, 정수와 같게는 할 수 없는 것이다. 다른 단위 분수끼리의 덧셈이 되어버리는 것이다.

그러나 이 문제는 학생의 문제에서 나온 것이므로 남겨둘 문제로 중요시하고 싶다. 즉, 답을 내는 방법을 잘 알 수 없는 재미있는 문제로 의식해 둘 가치가 있는 것이다.

적은 수의 학생에게는 계산 구조를 변경하여 뺄셈 문제로 하거나 수치를 3개로 하거나 하는 학생도 있다. 이것도 수업 중에 소개한다.

그렇게 하면, 다른 학생들에게 영향을 주는 점이 크다. 「역시, 그렇게 만드는 방법도 있었구나」하고 생각하는 것이다.

이런 마음이 없어지기 전에, 「한번 더 고쳐 만들어 보는 시간을 주겠으니까 해 보아요 」하고 시도하게 한 것이 이 수업이다.

3) 고쳐 만들기의 영향

그렇게 하면, 이번은 만드는 문제의 수는 적게 되지만, 내용이 바뀌게 된다. 문제의 思考 단계가 2단계로 되거나 뺄셈이 많아지거나 곱셈 문제 등이 등장한다. 그들 문제 중에서 몇 개를 추출하여 다음 시간부터 계획적으로 사용하면 학생들은 친구가 만든 문제이므로 친근감이 생겨나서 활발한 수업이 전개될 수 있다.

• 학생이 만든 문제의 좋은 점

다음 2개를 비교해 보자. 위의 것은 교과서적인 문제이고, 아래의 것은 학생들이 만든 실제 문제이다.

〈가〉

은희는 쥬스를 1일 $\frac{2}{5}L$씩 8일간 마셨습니다. 쥬스는 몇 L 마셨습니까?

〈나〉

철호는 쥬스를 어제 $\frac{2}{5}L$, 오늘도 $\frac{2}{5}L$ 마셔, $\frac{2}{5}L$씩 마신 날이 8일 계속하였습니다. 8일간 몇 L 마셨습니까?

위의 것은 세련된 수학의 문장이며, 아래 것은 실제 학생의 생활 속에서 나온 문장이다. 학생들 끼리 곱셈의 상황에 맞게 이해하는 데는 미숙

한 언어를 사용하고 있지만 학생의 표현 그대로인 아래의 것이 좋을 것 같다. 이러한 점에서도 문제 만들기의 좋은 점이 발견되는 것이다.

찾아보기

ㄱ

ㄴ

ㄷ

1

a

임문규(林文圭)

■ 약 력

일본 히로시마대학교 대학원(수학교육학 전공)졸업, 석박사
현재 공주교육대학교 초등 수학교육과 교수

■ 논 문

수학교육에서 문제설정과 문제해결의 관련에 관한 연구(박사논문)

■ 역 서

초등수학 학습지도의 이해(공역)(양서원)
구성주의에 입각한 초등수학 학습지도(경문사)
초등학교 수학교육론 (공저)(동명사)
초등학교 수학과 교재연구 (공저)(동명사)

학생 스스로 수학을 창조하는 **수학 문제 만들기 학습·지도**

2012년 8월 20일 초 판 인 쇄 • 저 자 임 문 규
2012년 8월 24일 초 판 발 행 • 발행인 최 국 주
• 발행처 동 명 사

경기도 파주시 회동길 50, 파주출판단지(문발동)
전 화 : 031) 955-7200(代), 955-7201~4, 7203 (편집부)
팩시밀리 : 031) 955-7205
출판등록 : 1950년 11월 1일(제1-76호)
E-mail : dms723@chol.com
홈페이지 : www.dmsbook.com

정가 12,000원

ISBN 978-89-411-8104-0 93370